Georg Dehio

Hartwich von Stade

Erzbischof von Hamburg-Bremen

Georg Dehio

Hartwich von Stade

Erzbischof von Hamburg-Bremen

ISBN/EAN: 9783741103278

Hergestellt in Europa, USA, Kanada, Australien, Japan

Cover: Foto ©Lupo / pixelio.de

Manufactured and distributed by brebook publishing software (www.brebook.com)

Georg Dehio

Hartwich von Stade

III.
Hartwich von Stade,
Erzbischof von Hamburg-Bremen.

Von Georg Dehio.

Mit der Thronerhebung der Staufer tritt die deutsche Geschichte in einen bedeutungsvollen Wendepunkt. Alle Lebensgeister der Nation sammeln sich zu hochgespannter Bewegung; aus der gährenden Masse ringen sich neue Bildungstriebe hervor, drängen, den altbestehenden Ordnungen und Ideen die Herrschaft zu entreissen. Aber dieses Alte, seiner Grösse und seines Werthes wohl bewusst, rafft seine beste Kraft zusammen, sich anstemmend gegen die mächtiger anschwellende Gegenströmung. Lockend ist es gewiss, dem Kampfe der Gegensätze in ihrem ganzen weltbewegenden Umkreise zuzuschauen, es verdient aber auch unsere Theilnahme, das Bild dieses Widerstreites in dem individuellen Spiegel eines der hundertfältigen Einzelkämpfe aufgefangen zu sehen, aus denen sich der grosse Krieg zusammensetzt, zu beobachten, wie die einzelne Person mit ihren Leidenschaften, Strebungen, Ideen in die grosse Bewegung eingreift, bald treibend, bald getrieben. Dieser Gesichtspunkt mag es rechtfertigen, dass ich hier versuche, schon vielfach durchforschte und dargestellte Dinge noch einmal zu behandeln und in den Rahmen einer Lebensbeschreibung zusammen zu fassen. In der That trägt, wie ich glaube, die Geschichte des Erzbischofs Hartwich von Bremen auch über das rein biographische und lokalgeschichtliche Interesse hinaus dem Gesammtbilde der staufischen Zeit manchen charakteristischen Zug hinzu. Wir finden sogar in der Geschichte Hartwich's einen unverkennbaren Parallelismus mit den grossen Zeitgenossen Friedrich Barbarossa und Heinrich dem Löwen. Wie Friedrich die Idee des Kaiserthums als einer allumfassenden weltlichen Oberherrlichkeit zu neuer Geltung bringen wollte, wie Heinrich der Löwe alle Fürsten des Sachsenlandes in der Weise des alten Stammesherzogthums unter seine Obergewalt zu beugen bestrebt war, wie beide doch dem unaufhaltsam fortschreitenden Entwickelungsgange des Zeitgeistes unterlagen: so sucht in ganz ähnlicher Weise und mit ähnlichem Ende Hartwich von Bremen den Gedanken älterer Jahrhunderte, die Unterwerfung der nordgermanischen Kirche unter den Primat des Bremer Erzstuhls jetzt noch zu verwirklichen, wo das erwachte nationale Selbständigkeitsgefühl der Skandinavier und das neue gregorianische Papalsystem gleichmässig widerstrebten. In Hartwich liegen die oben berührten Gegensätze der alten und neuen Entwickelungsepoche neben einander; wurde er auf dem kirchlich-hierarchischen Gebiet zum Vorkämpfer einer alten, man kann sagen veralteten Ordnung, so schritt er in der weltlichen Politik in den neuen Bahnen; denn nach dem allgemeinen Zuge der Zeit war es sein Ziel, das Erzbisthum mehr und mehr in ein landesherrliches Territorium umzugestalten. Aber dieser Entwickelungstrieb war damals in den ersten Jahren von Friedrich's I. Regierung noch nicht zu voller Reife gediehen, und so konnte als Vertreter des centralisirten Landesherzogthums Heinrich der Löwe gegen Hartwich den Kampf aufnehmen und nicht früher ruhen, als bis Hartwich's Tod und der Zusammensturz seiner Unternehmungen ihn endete. Die Zeit ihrer Erfüllung kam erst einige Decennien später.

So gewährt es ein eigenthümlich tragisches Interesse zuzuschauen, wie Hartwich sein Leben an die Verfechtung von Anschauungen setzt, deren Zeit einestheils vorüber, deren Zeit anderentheils noch nicht gekommen ist, und am Ende nach beiden Richtungen hin dem im Augenblick herrschenden Geiste zum Opfer fällt.

Dieses sind die allgemeinen Grundgedanken, welche ich hier an den Anfang setze, weil sie im Verlauf der Darstellung unter den vielen Einzelheiten nicht immer genug hervortreten, aber wenn man das Ganze überblickt, wie mir scheint, sich deutlich darstellen.

I.

Hartwich war der letzte männliche Spross aus dem im äussersten Norden des sächsischen Landes zu Stade heimischen Grafenhause, welches, von der Zeit der Ottonen bis unter Konrad III. in der sächsischen Geschichte oft genannt, lange Jahre auch in der Nordmark gebot. Es war ein hartes, unbändiges Geschlecht voll gewaltthätiger, urkräftiger Leidenschaft, in trotziger Lust zu Streit und Waffenlärm das Leben durchstürmend und oft in blutigem Kampfe es endend. Am Beginn ihrer Geschichte wird der erste der Udonen von den Normannen gefangen und enthauptet, und das Ende ist, dass die letzten regierenden Grafen, Hartwich's Brüder Udo und Rudolf erschlagen werden, der eine in der Schlacht, der andere von den eigenen Mannen, und ihre Schwester Liutgarde stirbt nach zügellosem Leben zusammen mit ihrem dritten Manne durch grauenvollen Meuchelmord. Das finstere Fatum, welches über diesem Stamme schwebte, warf auch auf das Leben des Letzten aus demselben seine trüben Schatten. Aber Vorzeichen friedlicherer Art flechten sich von Seiten der Mutter Richardis herein, aus dem Geschlecht der Grafen von Spanheim, Freunden und Dienern der Kirche.[1]) Richardis Grossvater hatte, als er aus dem gelobten Lande heimkehrte, das Kloster St. Paul im kärnthischen Lavantthale gestiftet und reich begütert, ihr Bruder schenkte seine ganze Habe der Kirche, ihr Vater Hermann war 1070—1118 Stiftsvogt zu Magdeburg, ihr Oheim Hartwich daselbst Erzbischof (1079—1102), ihr Vetter desselben Namens ebenfalls in Magdeburg Domherr und dann Bischof von Regensburg (1105—1126). Wohl nach diesen beiden Würdenträgern der Kirche hat unser Hartwich seinen Namen erhalten, der bis dahin in der Stadischen Familie fremd gewesen war, und vielleicht deutet das darauf hin, dass er, wie solches mit dem jüngsten Sohne oft geschah, schon gleich bei der Geburt dem geistlichen Stande zugelobt worden ist. Hartwich muss noch sehr

---

[1]) Ueber diesen Zweig der Spanheim'schen Familie siehe Bode in den „Magdeburger Geschichtsblättern" 1869 u. L. A. Cohn, Stammtafeln No. 206 a.

jung gewesen sein, als sein Vater Rudolf starb (1124)¹); derselbe erhielt sein Grab im Dom zu Magdeburg, und dahin siedelte auch Richardis über, um ihre Wittwenjahre auf ihren vom Vater ererbten Gütern zuzubringen. ²) Den Sohn wird die Wittwe wohl bei sich behalten und dem Unterricht von Magdeburger Geistlichen anvertraut haben. 1138 besuchte Hartwich die ihm verwandte herzogliche Familie von Kärnthen, und nicht lange nachher ward er Domherr zu St. Moritz in Magdeburg. ³) Doch es hielt ihn dort nicht lange; nachdem er sein Stift noch reichlich beschenkt hatte, ⁴) siedelte er nach Bremen über, wohin er als Propst des Domkapitels berufen war. (Ende 1142 oder Anfang 1143.) ⁵)

---

¹) In den Schenkungsurkunden der Richardis werden 1124—1135 bloss die älteren erwachsenen Söhne namentlich aufgeführt, dagegen Hartwich unter die ceteri liberi einbegriffen; von 1135 ab wird er stets mit Namen genannt.

²) Ihre zahlreichen Schenkungen aus der Wittwenzeit beziehen sich alle auf Kirchen Obersachsens, namentlich der Magdeburgischen Gegend.

³) Hartwicus de Stade Zeuge in einer Urkunde der Markgräfin Sophie von Steyermark im Kloster Rein an der Sau bei Meiller, regest. archiep. Salisb. p. 35. Hier ist er noch Laie; als Domherr zuerst genannt 1142, März 29 bei Lappenberg, Hamburgisches Urkundenbuch No. 164.

⁴) Mit mehreren Gütern in Alsleven. Hambg. U. B. a. O.

⁵) Einige Zweifel über die Chronologie könnten aus einer Urkunde (Hambg. U. B. N. 155) entspringen, wo Hartwich schon 1132—37 Dompropst zu Bremen genannt wird. Es ergiebt sich aber bald, dass die Urkunde in der vorliegenden Fassung entschieden verderbt ist. Ob eine absichtliche Fälschung vorliegt, geht unsere Frage nichts an; soviel steht fest, dass die Datirung: Acta sunt hec a Rudolfo marchione anno Domini MCXXXII., a venerabili archiepiscopo Adalberone MCXXXVII. unmöglich zu vereinbaren ist mit den Worten: .... comes Rudolfus ipsum coenobium .... optulit, fratre ejus Hartwico preposito consentiente. Die richtige Zeitbestimmung von Hartwich's Ankunft in Bremen ergiebt sich aus folgenden Punkten: 1137 (Hambg. U. B. N. 156) und 1138 (Meiller a. a. O.) ist Hartwich noch Laie. Sein Vorgänger in der Praepositur, Adalbert, bezeugt noch 1142 zwei Urkunden, die eine ohne Tagesangabe, die andere vom 3. Sept. (Hambg. U. B. N. 165 und 166). Das richtige Jahr ist jedenfalls 1142 und nicht 1143, welches letztere irregeleitet durch E. Lindenbruch p. 154, noch Lappenberg, Geschichtsquellen des Erzbisthums und der Stadt Bremen p. 196 und W. v. Hodenberg, die Diöcese Bremen und ihre Gaue III. p. 18 fälschlich annehmen. Zu einer näheren Datumsbestimmung giebt Gelegenheit das Bremer Nekrolog ed. Mooyer, vaterländisches Archiv für Niedersachsen 1835 p. 282—309. Unter den Geistlichen verzeichnet nämlich das Nekrolog den

Die Motive zu dieser Uebersiedelung sind unschwer zu errathen; denn die folgenden Ereignisse beweisen, dass beide Theile, Hartwich sowohl als die Bremer Kirche, darin ihren Vortheil zu finden meinten. Rudolph, der regierende Graf von Stade, hatte keine Leibeserben; bei seinem beständigen wilden Fehdeleben konnte ihn in jedem Augenblick ein jäher Tod treffen, wie er schon so viele seines Geschlechtes plötzlich aus der Bahn gerissen hatte. Da musste es Hartwich, dem einzigen rechtmässigen Erben der Stadischen Güter, und eben so sehr der Bremer Kirche, der schon lange auf diese Güter lüsternen, daran gelegen sein, ihre Interessen zu gemeinsamen zu machen, dieselben durch das Bündniss der materiellen Macht und des rechtskräftigen Anspruches gegen jeden fremden Angriff zu vertheidigen.

Der also vorgesehene Fall verwirklichte sich bald. Rudolf ward von den aufständigen Ditmarschen, die seine Bedrückungen nicht länger tragen wollten, ermordet, am selben Jahrestage, an welchem seinen Bruder Udo die Mannen Albrechts des Bären erschlagen hatten. (15. März 1144.)[1] In Betreff seiner Hinterlassenschaft trat sofort zwischen Hartwich und dem Erzbischof Albero folgende, vielleicht schon lange im Voraus getroffene Vereinbarung in Kraft: Hartwich schenkt sein soeben ererbtes Allodialgut, soweit dasselbe in der Bremer Diöcese liegt, der Bremer Kirche und erhält dagegen vom Erzbischof dieselben Güter, zusammt den schon früher von Bremen zu Lehen gehenden Comitaten seiner Familie, also die gesammte Hinterlassenschaft seines Bruders an Güterbesitz und Hoheitsrechten als Lehen der Bremer Kirche.[2]

Namen Adalbert ausser den beiden Erzbischöfen nur noch einmal und zwar am 17. September. Nun sind die Einzeichnungen im 13. Jahrhundert gemacht und bis dahin lässt sich in den höheren geistlichen Aemtern ausser den Erzbischöfen nur ein einziger Adalbert nachweisen, eben jener Vorgänger Hartwich's, sodass die Identität dieses mit dem Adalbert des Nekrologs unter 17 Sept. sehr wahrscheinlich wird. Damit stimmt dessen letztes Vorkommen 1142 Sept. 3. Nimmt man hinzu, dass Hartwich als prepositus Brem. zuerst 1143 Juli 25. genannt wird, so ergiebt sich als Zeit seines Amtsantrittes 1142 Sept. 17. bis 1143 Juli 25.

[1] Ann. Magdebg. a. 1142 propterea quia oppressiones ejus diutius ferre noluerunt. — Ann. Palid. Rudolfus comes de Frankenleve a septentrionalibus Saxonibus qui Thitmarici dicuntur peremtus est ipso mense et die, quo frater ejus Udo noscitur occubuisse. Aehnlich Ann. Erphesfurd. Chron. M. Sereni.

[2] Meine Auffassung des vielfach strittigen Schenkungsvertrages recht-

Alle solennen Formen wurden beobachtet, welche die legale Gültigkeit des Actes bekräftigen konnten. Hartwich liess sich vom Erzbischof investiren und übertrug die peinliche Gerichtsbarkeit, welche er als Geistlicher nicht selbst ausüben durfte, dem Pfalzgrafen Friedrich von Somerschenburg, seinem Schwager.

So hatte ein günstiges Geschick der Bremer Kirche, ohne dass sie es sich Opfer oder Anstrengungen hätte kosten lassen,

---

fertigt sich theils durch die Erörterungen im Excurs I., theils aus folgenden Quellenstellen: Alb. Stad. ad 1144. Rodolfus junior comes in Thietmarsia occisus est in cometia sua, et frater suus Hartwicus, major praepositus Bremensis, dedit omnem hereditatem suam Bremensi ecclesiae, ut concederetur sibi comitatus Bemensis. Et sic Bremensis ecclesia quae principes Stadenses in quieta possessione longo tempore tenuerant, in suum dominium recepit, hereditatem videlicet principum, et Idae et Friderici; et facta est legitima heres parentum praepositi Hartwici per sollempnem et legalem donationem. Ann. Brem. 1144. Iste Rodulphus cometiam Stadensem in feodo habuit, quum frater ejus data omni hereditate sua Bremensi ecclesiae .... accepit. Repgow. Chr. ed Massmann p. 413.... wante he (Albero) hadde gelegen de grafscap tō Staden deme graewen Hartwige. Jaffé, Konrad III., p. 61 f. und nach ihm Weiland, das sächsische Herzogthum unter Lothar und Heinrich dem Löwen p. 92 lassen in Consequenz ihrer irrthümlichen Ansicht von der Allodialität Ditmarschens (s. Excurs I) auch dieses Land in Hartwich's Schenkung einbegriffen sein. Dieser Schluss ist ebenso unmöglich wie seine Voraussetzung. Am Besten thut man wohl mit Dahlman, Neocorus I. p. 574 anzunehmen, dass Ditmarschen schon 1062 durch die Schenkung König Heinrich's IV. zusammen mit Stade unter die Lehnshoheit des Bremer Erzbisthums gekommen ist. Ein zweiter aus derselben Ursache entspringender Irrthum Jaffé's (a. a. O. Beilage VI) ist, dass die Schenkung auch die Grafschaft Nortland umfasst habe. Vergl. Excurs I. Jaffé glaubt ferner die Worte des Alb. Stad.....ut concederetur sibi comitatus Bremensis .... investitus est ergo Hartwicus ... dahin deuten zu müssen, dass die Stadischen Comitate zusammen mit den neuerdings in Lehen verwandelten Alloden den neuen Gesammtnamen einer „Bremischen Grafschaft" erhalten hätten. Mit Weiland p. 92 n. 2 meine ich jedoch, dass das „comitatus Bremensis" nichts Anderes besagen will als: die Bremen gehörige, die von Bremen zu Lehen gehende Grafschaft, dass es kein officieller Name, sondern nur ein subsidiärer ist, ein Versuch, den ganzen Complex verschiedennamiger Güter der Kürze halber unter eine Gesammtbezeichnung zusammenzufassen, wie ja auch der Name „Grafschaft Nordland", in gewissen Sinn selbst die „Grafschaft Stade" desselben Charakters ist (s. Excurs I). Ganz deutlich wird es dadurch, dass andre Quellen, Repg. Chr. u. Ann. Brem., wo sie dasselbe bezeichnen wollen, wie Alb. Stad., sagen: comitatus Stadensis und durch Ann. Palid., wo es heisst: comitatus Bremensis, quam Rodulfus habuerat.

eine hochwichtige Errungenschaft in die Hand gespielt; denn der grösste Theil ihres Sprengels war jetzt ihr eigen geworden und vollends nach Hartwich's Tode musste er unter ihre unmittelbare Verwaltung treten. Ein Jahrhundert lang hatte die Bremer Kirche die Aufgabe, welche der grosse Erzbischof Adalbert ihr als sein politisches Vermächtniss hinterlassen hatte, nämlich alle gräflichen Hoheitsrechte innerhalb des Bremer Sprengels in die Gewalt des Erzstuhls zu bringen [1]), unverrückt im Auge behalten, mit jener nur der Kirche eigenen zähen Consequenz gelassen zuwartend, bis der günstige Augenblick käme. Und jetzt war der Augenblick gekommen, der Triumph gesichert.

Kaum ward die Bremer Politik ihres Sieges froh, da prallte sie schon an eine mächtige Gegenströmung, das aufstrebende sächsische Herzogthum. An der Spitze desselben stand damals der junge Heinrich der Löwe. Obgleich erst 16 Jahre alt, trug er sich doch schon mit hohen Planen: die alte stammesherzogliche Gewalt, welche in den übrigen Reichstheilen bereits ihrem Untergange schnell entgegen ging, welche in Sachsen die Billunger eigentlich nie besessen hatten, diese zu einem Anachronismus gewordene Herrschaftsform wollte Heinrich in Sachsen wieder aufrichten. [2]) Die natürliche Basis für die Ausübung solcher Rechte schien ihm die Erwerbung einer möglichst grossen materiellen Gewalt. Der Tod des Grafen Rudolf wurde die erste Gelegenheit zur Bethätigung dieses Strebens, indem der Herzog sofort auf dessen Hinterlassenschaft Ansprüche erhob. Das Verfahren, welches er später in solchen Fällen regelmässig beobachtete, war, dass er die Güter im Mannsstamm erloschener Geschlechter innerhalb seines Herzogthums Kraft der fingirten neuen Rechtsqualität seiner herzoglichen Oberhoheit als ihm verfallen in Besitz nahm. Jetzt zu Beginn seiner Laufbahn haben sich diese Anschauungen noch nicht zu voller Klarheit entwickelt, und desshalb sind es Gründe anderer Art, auf welche er seine Ansprüche an Stade stützt.

Der junge Herzog liess seine Vormünder mit der Behauptung auftreten, der Erzbischof Adalbero habe einst seiner Mutter, der

---

[1]) Adam, III. 45. Cujus aemulatione permotus noster praesul statuit omnes comitatus, qui in sua dyocesi aliquam jurisditionem habere videbantur, in potestatem ecclesiae redigere.

[2]) s. Weiland, das sächs. Herzogthum unter Lothar u. Heinrich d. L. 1866.

Herzogin Gertrud, versprochen, für den Todesfall Rudolf's von Stade dessen Grafschaft ihm, Heinrich, zu Lehen zu geben; mit Berufung hierauf wurde die Unterstützung des Königs und der Fürsten gefordert. ¹) Ob der Erzbischof das fragliche Versprechen geleistet hat, kann nicht unbedingt verneint, jedoch noch viel weniger für wahrscheinlich erklärt werden. Gewiss aber kann dasselbe, gesetzt auch, dass es stattgefunden habe, keine klagbare Verbindlichkeit enthalten haben; denn das Fürstengericht sprach in der Folge Heinrich jedes Forderungsrecht rundweg ab. Auch ist es nicht recht glaublich, dass sich der Erzbischof noch zu Lebzeiten des Grafen Rudolf und bei Vorhandensein von Erben auf derartige Verbindlichkeiten eingelassen haben sollte auf keinen Fall aber konnte er über die stadischen Allode, das Erbgut Friedrich's und der Ida von Elstorf verfügen; denn auch auf diese erstreckte Heinrich der Löwe seine Praetensionen. Er zögerte auch nicht lange und gab, ohne die Entscheidung des Königs abzuwarten, seinen Forderungen durch die Occupation von Stade Nachdruck. ²)

Aber die bremische Partei nahm ebenfalls Stellung; sie hielt es ihrerseits gerathen, auf dem strengen Rechtsboden beharrend, den Schiedsspruch des königlichen Hofgerichts anzurufen, und das umsomehr, da sie in Konrad III., dem auf die welfische Macht stets eifersüchtigen, einen natürlichen Bundesgenossen sehen musste. Hartwich reiste also nach Magdeburg, wo der König die Feier des Weihnachtsfestes mit einem grossen Hoftage verbinden wollte; aber bald ward es klar, dass sich zwischen dem König und den sächsischen Fürsten mancher Zündstoff zu neuen Irrungen angesammelt hatte. ³) Darum ging Hartwich's Bemühen darauf, sich auch unter seinen Stammesgenossen eine Partei zu schaffen. Vor

---

¹) Alb. Stad. 1144. Dux autem Heinricus, adhuc puer, per tutores conquestus est regi et omnibus principibus, quod archiepiscopus Albero matri suae promisisset, quod si moreretur Rodolfus, filio suo duci conferret comitatum. Desgleichen die Ann. Brem.

²) Ich schliesse das daraus, dass zu Anfang des folgenden Jahres (1145) Erzbischof Friedrich von Magdeburg dem Dompropst Hartwich zur Wiedererlangung seiner Güter, namentlich auch Stade's, Beistand zu leisten verspricht. (Hambg. U. B. N. 177.)

³) Ann. Magdeburg 1144. Jaffé, Konrad III., p. 64.

Allem mit der Magdeburger Kirche, welcher er noch selbst als Domherr angehörte, wurden die freundschaftlichen Beziehungen durch neue Bande fester geknüpft. Auf einem seiner Güter, in Jerichow, stiftete Hartwich ein Kloster für die regulierten Chorherren der von Norbert gegründeten Prämonstratensercongregation, und schenkte diesem Stift Dorf und Kirche Jerichow, die Dörfer Gross- und Klein-Wulkow und Nikinthorp mit allen Gerechtsamen und Einkünften. Die geistliche Gerichtsbarkeit wurde dem Havelberger Bisthum übertragen, den Vogt sollten sich die Brüder selbst wählen.[1]) Die Magdeburger Marienkirche erhielt zwei Hufen in Erxleben; dem Moritzstift war schon früher Alsleben geschenkt.[2]) Am reichsten aber wurde der erzbischöfliche Stuhl selbst bedacht: die Burg Jerichow, Ploten, Liuthin, Frankenstein, Erxleben und noch mehrere Güter, deren Namen in der von Brandflecken entstellten Urkunde nicht mehr zu lesen sind, Alles zusammen den grössten Theil der Stadischen Erbgüter in den Mittelelbgegenden.[3]) Unverhältnissmässig gross erscheinen diese Opfer, verglichen mit den Gegenleistungen des Magdeburger Erzbischofs; aber Hartwich glaubte wohl diese entfernten Güter noch schwerer gegen die Raublust Heinrichs des Löwen schützen zu können und liess sie, da sie nun einmal nicht zu halten waren, lieber der Kirche anheim fallen. Auch befriedigten die Gegenleistungen wenigstens das augenblickliche dringende Bedürfniss:

---

[1]) Hambg. U. B. N. 174 ist ein verstümmeltes Bruchstück. Vollständig ist die Stiftungsurkunde zuerst abgedruckt bei Fr. Winter, die Praemonstratenser des 12. Jahrh. und ihre Bedeutung für das nordöstliche Deutschland 1865. p. 349.) Die Bestätigung durch König Konrad III. H. U. N 175.
[2]) Hambg. U. B. N. 164. 176.
[3]) Ann. Magdeburg 1145. In eadem nativitate Domini Fridericus Magdeburgensis archiepiscopus magnam partem de allodiis domini Hartwici et matris ejus Richardis, datis beneficiis, data copiosa pecunia, in proprietatem Magdeburgensis ecclesiae contrahens, magnum et gloriosum memoriale nominis sui posteris reliquit. Hambg. U. B. N. 177 u. 178. Die erste Urkunde trägt das Jahr 1145, Indiktion VIII, Regierungsjahr VIII und wird deshalb von v. Heinemann, Cod. Anhaltin. p. 242 zwischen März 13 und April 15 gesetzt Doch ist Stumpf's Datirung (Kaiser-Urkunden N. 3489), welcher Anfang Januar annimmt, wie ich glaube, vorzuziehen. In der zweiten Urkunde ist nicht, wie Lappenberg es thut, 1145 Dec. 31, sondern 1144 Dec. 31. anzunehmen, weil Konrad III. 1145 October bis 1146 Febr. sich ununterbrochen am Niederrhein aufhält.

Hartwich erhielt vom Erzbischof Friedrich die urkundlich aufgezeichnete Verpflichtung, ihm zur Wiedererlangung von Ditmarschen und Stade bis zur Effectivität Hülfe zu leisten, und zweitens ein Gelddarlehen, einmal von 40 Pfund, dann von 400 Mark Silbers. Ausserdem sollten 100 Mark, welche im Augenblick verliehen waren, bei der nächsten Erledigung vom Erzbischof an Hartwich's Neffen Adalbert, den Sohn Friedrich's von Somerschenburg ausgezahlt werden. Hierdurch und noch mehr durch Uebertragung des Blutbannes für die Grafschaft Stade wurde der letztgenannte mächtige Vormund Heinrich's des Löwen gewonnen. In dieselbe Zeit fällt auch die Vermählung von Hartwich's Schwester Liutgarde mit dem Dänenkönig Erich Lamm,[1]) vielleicht schon damals in Verbindung mit dem Gedanken an eine dänische Allianz.

Zu Weihnachten zogen der König, die Königin und eine grosse Anzahl sächsischer Fürsten in Magdeburg ein. Hier ward die stadische Streitsache dem versammelten Fürstengericht vorgelegt; die Entscheidung war, dass Hartwich alle Comitate, die sein verstorbener Bruder inne gehabt hatte, zugesprochen erhielt.[2]) Der König bestätigte dieses Urtheil, sowie alle von Hartwich getroffenen Verfügungen, und auch der Herzog und seine Partei erhoben keinen offenen Widerspruch;[3]) vielmehr empfing des Herzogs Vormund Friedrich von Somerschenburg den Königsbann für die peinliche Gerichtsbarkeit, welche Hartwich ihm angetragen hatte. Aber Heinrich der Löwe hatte sich nur zum Schein ergeben; im Rücken des Königs liess er die Feindseligkeiten gegen Bremen fortsetzen, und als Albero sich auf den Weg machte, um beim König über diesen Friedensbruch persönlich Beschwerde zu führen, fahndete er nach ihm; nur mit Mühe entrann der Erzbischof. Der König, welcher alles vermeiden musste, was die Welfen irgend reizen konnte, that nicht nur nichts zur Aufrechthaltung des Magdeburger Urtheilsspruches, sondern liess sich

---

[1]) Ann. Ryenses 1144, Saxo Gramm. Alb. Stad.

[2]) Die folgende Erzählung des Stader Erbfolgestreites beruht hauptsächlich auf Alb. Stad. u. den Ann. Palid. Die betreffenden Stellen, sowie die kritischen Gesichtspunkte bei ihrer Benutzung s. im Excurs II.

[3]) Wenigstens unterzeichnet Heinrich der Löwe als Zeuge den Vertrag, nach welchem Friedrich von Magdeburg gegen Hartwich sich zur Hülfe bei Wiedererwerbung von dessen Erbe verpflichtet. Hambg. U. B. N 177. 178.

sogar, als er im Herbst nach Sachsen kam,¹) von Heinrich dem Löwen soweit einschüchtern, dass er auf dem Hoftage zu Corvey (Aug. 24.) denselben umstiess und eine nochmalige Untersuchung und Entscheidung des Stader Erbfolgestreites durch ein neues Schiedsgericht anordnete. Ein Theil der in Corvey anwesenden Fürsten, Bischof Thietmar von Verden, Albrecht der Bär, Hermann von Winzenburg, Heinrich von Asle, Friedrich von Somerschenburg und viele Edle wurden zu Urtheilsfindern ernannt; zu Ramesloh an der Sewe, welches zum Ort des Gerichts ernannt war, traf man mit den Parteien zusammen. Aber mitten in der gerichtlichen Verhandlung griffen die Leute aus Heinrich des Löwen Gefolge zu den Waffen; im Tumult wurde Erzbischof Albero gefangen genommen und nach Lüneburg abgeführt. Und nicht eher gab ihm der Herzog die Freiheit wieder, als bis er gelobt hatte, keine weitere Forderungen an die stadische Erbschaft zu erheben, ja es scheinen ihn sogar die körperlichen Drohungen, mit welchen der Herzog gegen ihn vorgeschritten sein soll, so weit gebracht zu haben, dass er denselben förmlich investirte.²) Jedenfalls hat fortan Heinrich der Löwe die Grafsshaft Stade und Ditmarschen bis zu seinem Sturze factisch besessen und wusste seiner allerdings erst später klar hervortretenden Fiction, dass dieser Besitz eine rechtliche Folge seines Herzogthums sei, in dem Maasse Geltung zu schaffen, dagegen den wirklichen Ursprung vergessen zu machen, dass noch 1228 Herzog Albrecht von Sachsen allen Rechtsansprüchen, die er an Stade und Ditmarschen zu haben vermeinte, feierlich zu Gunsten der Bremer Kirche entsagen konnte.³)

¹) Stumpf, a. O. N. 3496, 97.
²) Helmold II. c. 6 sagt, indem er den Machtzuwachs Heinrichs d. L. schildert: Quid dicam de amplissima potestate Hartwici archiepiscopi, qui de antiqua Udonum prosapia descendit? Nobile illud castrum Stadhen cum omni attinentia sua, cum cometia utriusque ripe et cometia Thetmarsie vivente adhuc episcopo obtinuit, quaedam quidem hereditario jure, quaedam beneficiali Arnold. Lub. II. 22. Tunc temporis Sifridus archiepiscopus Bremensis in plenaria restitutione recepit Stadium cum omnibus aliis, quae antea dux, quasi de Bremensi ecclesia inbeneficiatus, possidere videbatur. Vom anderen Gesichtspunkte sagt freilich König Philipp Hambg. U. B. N. 316: anno 1199 Jan. 19. .. castrum Stadii cum comitatu .. quod quondam Dux Heinricus per violentiam occupaverat.
³) Hambg. U. B. N. 491.

Doch wenden wir uns wieder zu Hartwich. In Ramesloh, wie es scheint, dem Herzog noch entkommen, wurde er doch bald vom Edlen Hermann von Lüchow ergriffen. Der Herzog forderte seine Auslieferung und soll ihm sogar den Tod zugedacht haben; aber Hartwich erkaufte um eine grosse Summe von Hermann seine Freilassung und floh unter den Schutz Albrecht's des Bären. Unterdessen hatte Erzbischof Adalbero sich Heinrich dem Löwen fügen müssen, und unter der Bedingung, diese Vereinbarung anzuerkennen, durfte auch Hartwich unbehelligt nach Bremen zurückkehren, wo wir ihn 1146 wieder in seinem Amte fungiren finden.[1]

So lange Adalbero lebte, ist von Bremen nirgends mehr ein Widerstand gegen den Herzog gewagt worden; wie sehr man sich dort vielmehr unter dessen Allmacht beugte, zeigte sich deutlich, als derselbe (1148) einen Kriegszug zur Unterwerfung der Ditmarschen unternahm, die seit des Grafen Rudolf's Ermordung Niemandem als Herrn gehorcht hatten. Sowohl der Erzbischof als sein Dompropst mussten in Heinrichs des Löwen Gefolge daran Theil nehmen, und wenn der Letztere auch mit Ostentation hervorhob, dass er komme, um den Tod von Hartwich's Bruder an den Mördern zu rächen, so war die bittere Wahrheit doch offenbar genug, dass Hartwich selbst Hand anlegen musste, sein eigenes Erbgut dem Räuber desselben erobern zu helfen.[2]

---

[1] Hambg. U. B. N. 179.

[2] Ueber den Kriegszug, vergl. Jaffé, p. 151. Hambg. U. B. N. 188. In Bezug auf die Schwierigkeiten dieser Urkunde, namentlich in der Datirung, wird man wohl bei der Lösung bleiben müssen, welche v. Wersebe, niederländische Colonien im 12. Jahrhundert, I. p. 229, n. 8 vorschlägt, nämlich zwischen dem actum und datum einen Zeitunterschied von einem Jahr anzunehmen. — Weiland p. 59 n. 1 schliesst aus dem accepta victoria de hostibus regni Thiedmarskensibus, dass der Herzog den Rachezug in königlichem Auftrag unternommen habe, und dass daraus die Theilnahme Hartwich's und Adalbero's zu erklären sei. Diese Deutung scheint mir zu gepresst und dem Verhältniss des Herzogs zum König wenig entsprechend. —Wenn die Repgowsche Chronik Hartwich als Erzbischof den Rachezug unternehmen lässt, so ist das einfach ein Irrthum.

II.

Da geschah es, dass Erzbischof Adalbero 1148 August 25 zu Bremen starb.[1]) In welchem Zustande hat er seine Kirche seinem Nachfolger hinterlassen? Das ist die Frage, die sich uns aufdrängt, deren Beantwortung in dem folgenden Umriss versucht werden soll. In der abendländischen Christenheit gab es wohl kein Erzbisthum, das soviel Länder und Völker in seinem ungeheuren Umkreis umfing und zugleich keines, dessen innerlicher Zusammenhang so gelockert war, dessen gewaltige rechtliche Machtfülle gegen seine thatsächliche Machtlosigkeit so grell abstach, wie das Hamburg-Bremische. Um dieselbe Zeit, da Erzbischof Adalbert die der Bremer Kirche zustehende oberhirtliche Gewalt über alle Völker der Nordgermanen zu dem gewaltigen hierarchischen Reiche eines nordischen Patriarchats zu erweitern gedachte, um dieselbe Zeit begann schon in den scandinavischen Reichen das Streben nach nationaler Selbständigkeit, auch in den kirchlichen Ordnungen sich stark und stärker zu regen. Adalbert sah noch mit eigenen Augen seinen stolzen Plan zerrinnen, und seine Nachfolger kämpften vergebens, selbst das zu retten, was ihnen noch geblieben war, denn jetzt hatte sich auch das neue Papalsystem Gregors VII. des Gedankens bemächtigt, die skandinavische Kirche von der deutschen zu trennen und unmittelbar unter Rom zu stellen. So geschah es, dass 1104 in Lund ein Erzbisthum für das Dänische Reich errichtet wurde, dem sich auch die norwegischen und schwedischen Bischöfe unterordneten. Die Ablösung der nordischen Kirche aus dem Verbande mit Hamburg-Bremen ist zwar nirgends förmlich ausgesprochen worden, aber in Wirklichkeit ist sie schon damals entschieden. Oezur von Lund weihte 1104 einen Bischof für Schleswig,[2]) 1106 und 1112 die ersten Bischöfe von Holar,[3]) 1117 einen für Skalholt auf Island und

---

[1]) Den Tag geben das Dyptichon Brem., Vaterl. Archiv für Niedersachsen 1835 p. 282 u. Necrolog. Hamburg. Langebeck, script. Dan. V. p. 407. den Ort in Wolters, Chron. Brem. bei Meibom II., p. 51.

[2]) Münter, Kirchengeschichte von Dänemark und Norwegen, Th. II, Abth. I, p. 277.

[3]) K. Maurer, die Bekehrung des norwegischen Stammes. II. p. 599. Münter a. O. p. 87.

einen für Grönland.¹) Auch fehlte es dem neuen Erzbisthum nicht an Anerkennung der englischen und selbst der deutschen Kirche. Anselm von Canterbury gratulirt Oezur zu seiner Erhöhung,²) und Bischof Otto von Bamberg bittet ihn um die Erlaubniss auf Rügen, das zum Lunder Sprengel gehörte, missioniren zu dürfen.³)

Dennoch gab die Bremer Mutterkirche ihre Sache nicht so leicht verloren. Als Adalbero den erzbischöflichen Stuhl bestieg (1123), wurde der Kampf mit Nachdruck aufgenommen. Unterstützt von Kaiser Heinrich V. brachte Adalbero es während seiner Anwesenheit in Rom dahin, dass Calixtus II. ihm die auf die Dänen übergegangenen erzbischöflichen Rechte wieder zurückgab.⁴) Aber der Lunder wollte sich nicht darein ergeben; es entstanden Zwistigkeiten, und zur Schlichtung derselben musste ein Cardinal (1125—29), und als dieser nichts ausrichtete, ein zweiter abgeordnet werden (1129),⁵) aber mit ebenso wenig Erfolg, denn bald darauf sah sich Adalbero genöthigt, das Einschreiten des Papstes wieder anzurufen, und auch dieses Mal, das ist bemerkenswerth, unter lebhafter Befürwortung des Kaisers.⁶) 1133, Mai 27. restituirte in Folge dessen Innocenz II. der Hamburg-Bremischen Kirche ihre alten Rechte in umfassendster Weise durch folgende fünf Bullen. In der ersten, an Erzbischof Adalbero gerichtet, werden durch Beschluss des Papstes, seiner Bischöfe und Cardinäle die dänischen Bischöfe, insbesondere der von Lund, der Hamburg-Bremischen Metropolitangewalt wieder vollständig unterworfen, und der Umfang der Erzdiöcese gemäss der alten päpstlichen Privilegien nochmals dahin fixirt, dass sie umfassen solle: alle Bisthümer in Dänemark, Schweden, Norwegen, auf den Faröern, Grönland, Halsingland, Island, bei den Scridifinnen und Slawen.⁷) Unter demselben Datum schreibt der Papst and ne

---

¹) Maurer a. O. p. 596, p. 604.
²) Münter p. 86, p. 277. Der Brief selbst Hambg. U. B. N. 130.
³) Maurer p. 670.
⁴) Hambg. U. B. N. 134.
⁵) Hambg. U. B. N. 140. N. 141.
⁶) Hambg. U. B. N. 144. carissimi filii nostri, Lotharii regis precibus, inclinati, tibi... confirmamus.
⁷) Hambg. U. B. N. 144. Die Privilegien seiner Vorgänger Gregor (IV.), Sergius (II.), Leo (IX.), Benedikt (III.?), Nicolaus (I.), Hadrian (II.), welche

König von Dänemark und den König von Schweden, dass sie die
Bischöfe ihres Landes zum Gehorsam gegen den Hamburger
Metropoliten anhalten sollten,[1]) und befiehlt in einem vierten
und fünften Schreiben dem „Bischof" von Lund und den gesammten Bischöfen Schwedens zur schuldigen Unterwürfigkeit
gegen ihren Oberhirten, den Erzbischof von Hamburg zurückzukehren.[2])
Aber alles das vermochte nicht, den einmal eingeschlagenen
Entwicklungsgang der nordischen Kirche aufzuhalten; in Rom
hatte man im Grunde auch garnicht den Willen dazu, denn
jene Erlasse sind kaum mehr, als formelle Gefälligkeiten gegen
Deutschlands König und Clerus, wie sie gerade im Augenblick
aus Opportunitätsrücksichten nöthig befunden wurden. So kam
es, dass Oezur von Lund fort und fort unbekümmert als Erzbischof fungirte, und nicht minder sein Nachfolger Eskill. Schon

---

Innocenz II. in dieser Urkunde bestätigt, sind ihm sämmtlich, ausser der des
Leo, in gefälschter oder interpolirter Gestalt vorgelegt. Diese Fälschungen
sind später, als die Urkunde Leo's (1053) unter einem der Erzbischöfe Liemar,
Humbert oder Friedrich entstanden, enthalten aber sachlich nichts mehr, als
diese; vielmehr besteht die Fälschung wesentlich darin, dass der in den
echten Urkunden durch allgemeine Ausdrücke beschriebene Legations- und
Metropolitanbezirk auf dem Wege einer „richtigen Interpretation" (Lappenberg) durch Aufzählung der darin enthaltenen einzelnen Völkerschaften specialisirt wird. Zum grössten Theil war das aber schon in der Urkunde
Leo's geschehen, sodass in der Bestätigung von Innocenz nichts als die Völkernamen der Faröer und Halsingländer neu hinzugefügt wird. Somit müssten
die Fälschungen uns als überflüssig erscheinen, wenn nicht die zur Zeit ihrer
Abfassung (Koppmann vermuthet Erzbischof Liemar) sich mächtig regenden
Separationsgelüste des Bisthums Lund eine Sicherung der Hamburgischen
Metropolitanrechte durch möglichste Deutlichkeit in der Fassung und den
Nachweis ihres vollständigen Besitzes während zweier Jahrhunderte hätte
nöthig erscheinen lassen. Vergl. Hambg. U. B. Beilage I. und die eingehende
Dissertation von K. Koppmann, die ältesten Urkunden des Erzbisthums
Hamburg-Bremen und W. Schröder, die falschen Urkunden des Erzstiftes
Hamburg-Bremen in den Jahrbüchern für Landeskunde der Herzogthümer
Schleswig und Holstein, Bd. X. 1869 p. 301 f. und die Entgegnung Koppmanns
ibid. p. 305 f.

[1]) Hambg. U. B. N. 145. 146.
[2]) Hambg. U. B. N. 147. 148.

1133 wird in Lund ein Bischof für Skalholt geweiht,¹) 1139—
40 hält Eskill daselbst eine Synode, auf welcher nicht bloss
dänische Bischöfe, sondern auch schwedische, norwegische, einer
von den Faröern und selbst ein päpstlicher Legat erscheinen,²)
1145 weiht er die Domkirche zu Lund unter Assistenz der
Bischöfe von Seeland, Schleswig, Ost- und Westgothland,³) und
den erzbischöflichen Titel führt er ganz regelmässig.⁴) Ab und
zu zwar erinnert man sich noch des Zusammenhanges mit
Bremen, so z. B. finden wir die vertriebenen Bischöfe Siward
von Upsala und Occo von Schleswig am erzbischöflichen Hofe von
Bremen,⁵) aber das bedeutete wenig oder nichts. Adalbero gab,
an jedem Erfolge verzweifelnd, seine Sache auf, und gegen das
Ende seiner Regierung ist die Lossagung der scandinavischen
Kirche von Hamburg-Bremen ausgemachte Thatsache.

So war das einzige der Metropolitanhoheit Bremens noch
nicht förmlich abtrünnig gewordene Bisthum das Aldenburger,
welches die Ostseestaaten von der Eider bis zur Peene umfasste.⁶)
Aber das war ein Bisthum ohne Bischof, ohne Clerus, fast ohne
Gemeinde. Die stürmische Reaction des Heidenthums vom Jahr
1066 hatte hier die Herrschaft des Kreuzes bis nahezu auf die
letzten Spuren vernichtet. Rings von christlichen Völkern um-
geben, Angesichts der Thürme Hamburgs, der Metropole, opferten
die Heiden in trotziger Sicherheit ihren Götzen, und weder der
Kaiser, noch die sächischen Herzoge, noch selbst die Bremer
Kirche hatten das geringste gethan, um diese Schmach zu tilgen.
Erst mit dem zweiten Viertel des 12. Jahrhunderts, als Vicelin
in's Land kam, wurden die Versuche, die Slawen dem christlichen
Glauben zu gewinnen, wieder aufgenommen.⁷) Wahrhaft be-

---

¹) Maurer, p. 597.
²) Thorkelin, Diplomat. Arnamagnaeanum, p. 245. Münter p. 163.
³) Regesta dipl. hist. Dan. N. 195 Liljegreen, dipl. Suecanum N. 35.
⁴) Regesta Dan. N. 175. 183. 195. 200.
⁵) Hambg. U. B. N. 143.
⁶) Vergl. die Urkunden Johann's XV. (Hambg. U. B. N. 52.) Clemens VI.
(N. 72). Leo's IX. (N. 75). Victor's II. (N. 77).
⁷) Die neueste ausführliche Darstellung von Vicelin's Mission giebt
Laspeyres, Bekehrung Nordalbingiens.

wunderungswürdig ist es anzusehen, wie dieser Mann in seiner stillen, geräuschlosen Thätigkeit unter allem Kriegsjammer, der über das Land hinbrauste, nimmer ermattete, wie er die eben aufkeimende Saat vor seinen Augen wieder zerstören sehen und das mühselige Werk von vorn anfangen musste, bis er endlich die zersprengten Reste heimlicher Bekenner zu Gemeinden gesammelt und durch die Predigt gefestigt und vergrössert hatte. Von Faldern aus, einer holsteinischen Grenzlandschaft, wo Vicelin die Congregation Neu-Münster gegründet hatte, wurde am Fusse des Segebergs in Kuzalina (deutsch Hagerestorf) eine zweite klösterlich organisirte Missionsstation angelegt und endlich in der Mitte der wagrischen Lande die aufblühende Stadt Lübeck demselben Zwecke gewonnen; einen wesentlichen Stützpunkt gewährten sodann die von Adolf von Hotstein unter den Wagriern gegründeten Colonien von Holländern, Friesländern und Westfalen, wenngleich Kirchen von ihnen bis zu dem hier in Rede kommenden Zeitpunkt noch nicht gebaut zu sein scheinen. Ueber die genannten Stiftungen wie überhaupt über das ganze wagrische Missionswesen führte die Oberleitung Vicelin, aber nicht als Ausfluss eines besonderen kirchlichen Amtes, denn er blieb stets nur Propst von Neumünster, sondern allein durch das moralische Gewicht seiner Persönlichkeit. Ueberhaupt trägt die so überaus segensreiche Thätigkeit Vicelin's, aus eigenem Antrieb begonnen und aus eigener Kraft zu glücklichem Erfolge fortgeführt, einen entschieden privaten Charakter. Der Antheil, den Bremen daran hat, ist kaum mehr als ein blosses Gewährenlassen, denn zu einem energischen Eingreifen mit den so reichlichen und wirkungsvollen geistlichen und weltlichen Mitteln der Kirche, nicht einmal zu fester Organisation und Einfügung der neu gegründeten Gemeinden in die regelmässigen kirchlichen Ordnungen, wie das nur durch die Wiederaufrichtung des slavischen Bisthums geschehen konnte, ist von Bremen aus irgend ein Versuch gemacht worden. Auch der König und der Sachsenherzog gewährten in unbegreiflicher Theilnamlosigkeit dem auch politisch höchst bedeutungsreichen Wirken Vicelin's keine nennenswerthe Unterstützung, und als sich endlich die sächsischen Fürsten zu einer grossen Unternehmung gegen das Heidenthum aufrafften, zum

Kreuzzug des Jahres 1147, da brachte dieser, wenig ernstlich in der Absicht und wenig ernstlich in der Ausführung, der christlichen Sache mehr Schaden als Nutzen [1]). Vicelin hatte alle Sorgfalt darauf zu wenden, der Noth seiner vom Kriege hart mitgenommenen Stiftungen in Wagrien abzuhelfen, und von einem Fortschritte des Kreuzes unter den Obotriten und Liutizen, bei welchen Vicelin bis dahin noch gar keine Missionsversuche hatte wagen können, war jetzt vollends nicht die Rede. [2])

Es ist nur folgerichtig, dass das Hamburg-Bremische Erzbisthum, welches die fast gänzliche Zertrümmerung seines hierarchischen Reiches nicht hatte abwehren können, auch in seiner weltlichen Machtstellung nichts weniger als gesichert war. Die Billunger hatten ihre gegnerische Haltung gegen Bremen, fast als wäre sie etwas dem sächsischen Herzogthum naturgemäss anhaftendes, auf ihre Nachfolger vererbt. Die Tendenz dieser ging seit Liuder von Supplinburg mit wachsender Klarheit darauf, ihre herzogliche Gewalt in einer bis dahin in Sachsen unbekannten Weise zwischen den König und die Fürsten zu schieben und sich dergestalt als Landesherzoge über die letzteren zu stellen. [3]) Für Bremen bildete den Ausgangspunkt dieser Bestrebungen die von Graf Liuder erworbene Vogtei in der erzbischöflichen Residenzstadt.[4]) Scheiterte gleich der Versuch Albrecht's des Bären dieses Recht zu einem integrirenden Theil des Herzogthums zu machen und die Stadt Bremen in ähnlicher Weise, wie Regensburg es in Baiern war, in die Hauptstadt seines Landesherzogthums zu verwandeln, so nahm Heinrich der Löwe mit aller entschlossenen Kühnheit und Rücksichtslosigkeit diesen Plan wieder auf. Sehr bezeichnend wählte der eben belehnte junge Herzog zu seinem ersten Auftreten in Sachsen gerade Bremen und hinterliess als seinen Vertreter in der vogteilichen

---

[1]) Jaffé, Konrad III. p. 145—151
[2]) Wigger, Berno, der erste Bischof von Schwerin, in den Jahrbüchern des Vereins für Mecklenbg. Geschichte und Alterthumskunde. Jahrgang 28 p. 18 f. 65 f.
[3]) Weiland, das sächsische Herzogthum, und die Gegenschrift von Ed. Wintzer, de Billungorum intra Saxoniam ducatu. dissert. Bonn 1869.
[4]) Alb. Stad. a. 1089.

Gerichtsgewalt den Edlen Adolf von Nienkerken.¹) Ganz unverhüllt traten seine Absichten aber in der Occupation der stadischen Erbschaft hervor; da war von jenem Ideal Adalbert's I, alle Grafschaften innerhalb des Sprengels in der Hand des Errbischofs zu vereinigen, kaum noch der Gedanke übrig; vielmehr schwoll des Herzogs schon vorher im Bremischen nicht unbeträchtliche Macht²) zu so erdrückendem Gewichte an, dass er, der Herzog, jetzt thatsächlich die erste Gewalt im Erzbisthum war, und der Augenblick nicht ferne schien, wo er seiner Oberhoheit völlige Anerkennung geschafft haben würde.

So war, wenn wir aus dem Obigen die Summe ziehen, das Hamburg-Bremische Erzbisthum, das einst seiner geistlichen Herrschaft den gesammten germanischen Norden Europas unterworfen hatte, dem sich die Aussicht in schwindelnde Fernen öffnete, hier über die Ostsee zu den weiten Gebieten der Finnen, dort über den Ocean nach Grönland und dem neu entdeckten Amerika, das in dieser imposanten Machtfülle einst die Nebenbuhlerin Roms werden zu können wähnte: dieses Bremen war jetzt beim Tode Adalbero's die kleinste Kirchenprovinz Deutschlands. Kein Suffragan gehorchte ihm mehr, der erzbischöfliche Name war nur noch ein leerer Titel. Und während die anderen Kirchenfürsten Deutschlands in vollem Zuge waren, sich eigene

---

¹) Wenigstens liegt es am Nächsten, den Edlen Adolf, welcher 1142 Sept. 3. im Gefolge des Herzogs in Bremen erscheint (Hambg. U. B. N. 165) und dann daselbst 1146 (a. O. N. 179) 1149 eine Urkunde unterzeichnet (a. O. N. 189), für denselben zu halten, welcher sich 1159 (a. O. N. 219) advocatus civitatis nennt. 1146 unterzeichnet neben Adolf Thiodericus frater ejus; ein solcher ist auch anderweitig bekannt. v. Alten. Zeitschrift des hist. Vereins für Niedersachsen 1858 p. 9—22. Worauf sich die Vogtei Heinrich's des Löwen bezogen hat, ist gänzlich unklar. Aus Gründen der Analogie sollte man zwar annehmen, dass ein Mann von der Stellung Heinrich's sich zu etwas Kleinerem, als der Vogtei über die ganze Kirche nicht verstanden haben wird; ein positiver Anhalt dazu findet sich aber nirgends. Ueberhaupt lässt uns das vorhandene Material über die Vogteiverhältnisse der Bremischen Kirche vollständig im Dunkeln, um so auffallender, da sich für die übrigen Bisthümer um jene Zeit bereits ziemlich fortlaufende Register der Vögte herstellen lassen. Vergl. Brem. U. B. S. 54. Note 7.

²) Durch die Erbschaft der Nordheimischen Güter, welche ziemlich zahlreich im Bremer Sprengel lagen. Vergl. Wedekind, Noten I S. 253—55.

Territorien mit landesherrlicher Gewalt zu gründen, lief der Bremer Erzbischof Gefahr, zum abhängigen Landesprälaten des sächsischen Herzogs herabzusinken. So ist es keine Uebertreibung, wenn einer der ersten Staatsmänner jener Zeit, Wibald von Corwey, auf Bremen die Klage des Jeremias anwendet: „die Fürstin unter den Heiden und die Königin unter den Ländern ist nun Wittwe worden und muss dienen." [1]

Dieses also war die Lage der Hamburg-Bremischen Kirche, als das Domkapitel sich zur Wahl eines neuen Erzbischofs anschickte. Viele und grosse Aufgaben drängten gebieterisch der Entledigung entgegen, das musste Allen klar sein, aber auf welchem Wege es geschehen sollte, darüber konnten die Meinungen weit auseinander gehen. Man stand vor einer bedeutungsschweren Entscheidung; denn in der gegenwärtigen kritischen Lage musste die Entscheidung für die Person des neuen Oberhauptes zugleich eine Entscheidung für die Politik werden, welche man in Zukunft einschlagen wollte. Wo so widerstrebende Fragen, Zweifel, Wünsche, Forderungen, Gründe und Gegengründe aufeinander stiessen, war es natürlich, dass eine Einigung nicht so bald erzielt werden konnte. Der Mann, auf den sich die Augen der Wähler zuerst richten mussten, war ihr Dompropst Hartwich. Durch Geburt, Reichthum und persönliche Eigenschaften ausgezeichnet,[2] seit Jahren in der Leitung des höchsten Staats- und Kirchenamtes nach dem Erzbischof wohl bewährt, mit allen wunden Punkten der Bremer Kirche, aber auch mit den vorhandenen Mitteln zu ihrer Heilung bekannt, sein persönliches Interesse aufs engste mit dem seiner Kirche verknüpft, durch-

---
[1] Wibaldi epistolae N. 163. (Jaffé, Monum. Corbejens.)
[2] Es ist keine blosse Schmeichelei, wenn Wibald von Corvey (ep 163) an Hartwich schreibt: ad cujus (der Bremer Kirche) contriciones sanandas si vestra eruditio prudentia nobilitas et fortitudo non sufficiunt, desperandum potius ei erit quam de alicujus hominis adjutorio confidendum. Und ep 161 . . . ut aecclesia Dei gaudeat, se de vestra scientia nobilitate ac potentia invenisse solatium. — Von dem Ansehn, in welchem Hartwich bei seinen Zeitgenossen stand, zeugen auch Arnold Lubec II c. 7: Hartwicus, qui pro sua generositate dicebatur magnus, und ein Ratzeburger Zehntenregister (Mecklenbg. U B. N. 59): Hartwicus magnus Bremensium archiepicopus.

drungen von dem Verlangen, die darniederliegende zur alten
Grösse wieder aufzurichten, — so schien er vor Vielen berufen,
die oberste Leitung der Bremer Kirche in seine Hand zu nehmen,
und er selbst rechnete auch, wie es scheint, mit Sicherheit auf
seine Wahl.

Aber es knüpften sich an seine Person auch noch ernste
Bedenken. Ihn wählen hiess, — das war deutlich — nicht viel
weniger, als eine Kriegserklärung gegen den gefürchteten Sachsenherzog. Denn zu viel Zündstoff hatte die Vergangenheit zwischen
den Beiden angelagert, als dass das helle Auflodern des Kampfes
nicht bloss eine Frage der Zeit sein konnte, und zu geschwächt
schien die Macht Bremens, als dass es diesen Kampf selbst an-
bieten und hoffen durfte, sich aus eigener Kraft der eisernen
Umstrickung des Herzogs zu entwinden. Diese Befürchtungen
überwogen endlich in den Gemüthern, und man gedachte fast
einstimmig, einen der Bremer Kirche gänzlich fern stehenden
Mann zu erwählen, Wibald, den Abt von Stablo und Corvey.[1]
Dieser, gleich ausgezeichnet als Kirchenhirt, wie als Staatsmann,
war damals eines der hervorragensten Glieder des deutschen und
überhaupt des abendländischen Clerus. Schon bei Lothar hatte
er viel vermocht, jetzt unter Konrad III. war er dessen erster
Rathgeber und hatte in diesem Augenblick, da der König sich
auf dem Kreuzzuge befand, das ganze Reichsregiment in Händen.
Nicht minder angesehen war er beim Papst und stand, worauf
es besonders ankam, im freundschaftlichsten Einvernehmen mit
Heinrich dem Löwen.[2] Gewiss durfte man von ihm nach allen
Seiten hin eine erfolgreiche Vertretung der Bremer Kirche erwarten. Aber ehe noch der Wahlact geschlossen war, trat ein
plötzlicher Umschlag ein, und als definitiv Erwählter ging nicht
Wibald, sondern der Dompropst Hartwich hervor.[3] Man wird

[1] Wibald ep. 163 ... cum de electione Bremensis archiepiscopi, vacante
tunc sede, ageretur, in nostram personam omnium fere vota se inclinaverunt.
Auch abgedruckt im Bremer Urkundenbuch N. 42.

[2] J. Janssen, Wibald von Stablo u. Corvey. (1854).

[3] Wenn man die Worte Wibald's: quando predecessor vester
bone memorie Albero archiepiscopus obiit et vos ei successistis, nos
eramus in Stabulensi monasterio, streng nimmt, so muss der Wahlact bis
Sept. 8. vollzogen worden sein, da Wilbald an diesem Tage nicht mehr in

kaum fehlgreifen, wenn man als den Urheber dieser Wendung Hartwich selbst betrachtet. Jedenfalls glaubte er die besten Ansprüche auf die Nachfolge zu besitzen, und weil sich anfangs die Aussichten nicht ihm, sondern Wibald zugewandt hatten, liess er sich dazu fortreissen, gegen diesen allgemein hochangesehenen, und ihm persönlich befreundeten Mann auf einer Synode öffentlich entrüstete Anklagen und Drohungen auszustossen, als habe derselbe seine Wahl durch heimtückische Machinationen zu hintertreiben gesucht. Wibald legt gegen solche Verdächtigungen in einem Briefe Verwahrung ein; [1] vorwurfsvoll fragt

Stablo, sondern in Frankfurt ist (ep. 116. 118). — Wichtiger, aber nicht ganz zu entscheiden ist die andere Frage, wer die Wähler gewesen sind; denn zu jener Zeit gab es, wenigstens de facto, noch keinen überall gleichmässig geltenden Wahlmodus. Von Hartwich's Wahl und der seiner nächsten Vorgänger wissen wir nichts; wohl aber ist uns die Wahl seines unmittelbaren Nachfolgers Balduin bekannt, und einige Rückschlüsse werden erlaubt sein. Damals zwang im Auftrage Heinrichs d. L. der Graf Gunzelin von Schwerin die Wähler mit Waffengewalt, die beiden Designirten, Sigfrid, einen Sohn Albrecht's des Bären, und Otbert fallen zu lassen und Balduin, den Candidaten des Herzogs, zu wählen; wer sich nicht fügen wollte, musste fliehen. (Alb. Stad. a. 1168 und Ann. Palid 1169). Mit Bezugnahme auf diese Unordnungen giebt Papst Alexander III. in einem Schreiben an das Bremer Domcapitel (1169 Juni 29.) folgende Vorschriften: Ideoque quorum sit electio scripto nobis quesistis apostolico intimari. Presentibus ergo literis innotescat, quod licet in electione pontificis favor principis debeat assensusque requiri, ad electionem tamen laici admitti non debent. Sed electio est per canonicos ecclesiae cathedralis et religiosos viros, qui in civitate sunt et diocesi, celebranda. Nectamen ita hoc dicimus, quod religiosorum contradictio canonicorum votis debeat praevalere, nisi forte electioni aut electo impedimentum manifestum et canonicum obviaret. Si ergo laici se voluerint talibus immiscere, illius canonis memores existentes in quo dicitur: docendus est populus, non sequendus, illis exclusis in electione concorditer et canonice procedatis. (H. U. B. N. 237.) Es bleiben aber auch hiernach noch manche Fragen offen, namentlich die, welche Stellung in Bezug auf das Wahlrecht das Hamburger Capitel zum Bremer einnahm. — Dass Heinrich d. L. schon bei der Wahl nach Adalbero's Tode seine Hand im Spiele gehabt hat, ist an sich nicht unwahrscheinlich, aber ohne positive Belege, wenn man nicht etwa eine Stelle in der Urkunde Friedrich's I. de 1158 April 21. (Hambg. U. B. N. 211.) darauf beziehen will, wo das eigentlich schon Selbstverständliche zugesichert wird: Data est quoque clericis ejusdem ecclesiae libera potestas interse sive aliunde elegendi episcopum, cum necessitas poposcerit.

[1] Wibald. ep. 163.

er, wie Hartwich, der doch durch das Band einer nicht geringen Freundschaft mit ihm verbunden sei, ihn verurtheilen könne, bevor er ihn gehört habe. Und ein doppeltes sei ja dieses Band, ein menschliches und ein himmlisches: das menschliche könne wohl gemäss der menschlichen Ordnungen gelöst werden, da er, bisher sein Vasall, [1]) nun sein Herr und Vater geworden sei. Aber der Bund der himmlischen Verbrüderung währe in Ewigkeit, bei dem, der befohlen, dass man seinen Namen nicht unnützlich führe, bei dem, der da sagt, er habe geschworen und es reue ihn nicht. Er möge doch gedenken des Briefes voll tiefer Zuneigung, den er ihm geschrieben [2]) habe, als er die Höhe der erzbischöflichen Würde erstiegen. Er zürne ihm, weil sich in Bremen bei Erledigung des Stuhles alle Wahlstimmen ihm (W.) zugewandt hätten. Er kenne aber ausser dreien Niemanden aus der Bremer Geistlichkeit, weder von Ansehen, noch von Namen. Selbst in der Stadt habe er nur einmal, und das nur in der Nacht, verweilt. Als Albero gestorben und Hartwich gefolgt sei, habe er (W.) sich in Stablo aufgehalten, sieben Tagereisen von Bremen. Alles dessen, was dort vorging, unkundig. Niemals habe er, weder offen noch heimlich, für sich agitirt. Bei derartigen Erörterungen, wo über Talent und Charakter auf's Subtilste verhandelt, und meist geirrt werde, werfe er ungern die Würfel mit. Und seiner Unvollkommenheit wohl bewusst, würde er eine so erhabene und ehrfurchtgebietende Würde nie erwünschen, zumal in dieser Kirche, welche einst „die Fürstin über die Heiden und die Königin in den Ländern, nun Wittwe ist und dienen muss." Wenn Hartwich's Klugheit, Bildung, Edelsinn und Muth nicht ausreichten, diese Wunde zu heilen, dann müsste man wohl verzweifeln, dass überhaupt ein Mensch es zu thun im Stande sei. Auch in Rom habe er weder durch Worte, noch Briefe ihm zuwider gehandelt, sei vielmehr ihn dort auf jede Weise zu unter-

---

[1] . . . qui hactenus noster homo et tanquam miles per hominagium fuistis . . . sollte vielleicht eines von Hartwich's Gütern Corvey'sches Lehen gewesen sein?
[2] **Wibald. ep. 161.**

stützen bereit. So möge er jeglichen Verdacht abschütteln und ihm wieder lieben, wie er ihm in Wahrheit zugethan sei.

III.

Jetzt endlich hatte sich Hartwich auf die ersehnte Höhe empor geschwungen; weit und lockend öffnete sich seinem thatendurstigen Ehrgeiz die Bahn. Die alte Herrlichkeit und Glorie, welche in den Tagen des grossen Adalbert den Bremer Erzstuhl umstrahlten, hatten seine Seele berauscht; diese Grösse wieder auferstehen zu lassen, sollte die Aufgabe seines Lebens sein. Und so übermächtig beherrschten diese hochfliegenden Entwürfe sein Denken und Thun, dass er, über dem in weiter Ferne glänzenden Ziel das Nächste vernachlässigend, mehr als einmal in die äusserste Gefahr gerieth, sich und seiner Kirche Alles zu verspielen.

Hartwich hatte Zeit und Gelegenheit genug gehabt, zu durchschauen, dass seine Kirche aller Orten mit Gebrechen behaftet war, und dass man an vielen Enden zugleich anfassen musste, um ihr zu helfen. Er war aber genug vom hierarchischen Geiste beherrscht, um nicht schmerzlicher als Alles, schmerzlicher selbst als die politische Ohnmacht, das zu empfinden, dass Bremens Machtstellung im Reiche der Kirche so unwürdig gesunken war. In der Wiedergeburt der hierarchischen Macht des Erzbisthums sah er die vornehmste Aufgabe seines Pontificats, und mit dem ihm eigenen kühnen Idealismus, der gern das Mögliche über dem Wünschenswerthen vergass, wollte er mit einem Anlauf erstürmen, was erst das letzte Ziel seiner Hoffnungen, die Frucht langer vorbereitender Mühen sein konnte — die Wiederherstellung der Bremer Erzdiöcese in ihrem alten Umfang. Unverkennbar werden dabei Hartwich's Gedanken von dem beherrscht, was ein Jahrhundert früher Adalbert geplant und gewirkt hatte, dessen Gedächtniss in dem Buche des Meisters Adam [1]) und nicht minder in der mündlichen Ueberlieferung in

---

[1]) So z. B. nimmt Hartwich eine Rede, welche Adam III c. 25 dem

Bremen bewahrt worden war, mit jener liebevollen Vergrösserung, in der man sich so gern das Bild einer besseren Vergangenheit zurückruft. Wie es Adalbert im Sinne gehabt, wollte jetzt Hartwich bei den Slawen drei Bisthümer gründen, vor Allem aber sollten die abtrünnigen Kirchen von Dänemark, Schweden und Norwegen in den Schooss der Mutterkirche Bremen wieder heimgebracht werden.

Da war besonders der Beistand des Papstes nöthig, und um diesen zu gewinnen, wohl auch gleichzeitig sich das Pallium zu holen, unternahm Hartwich schon wenige Monate nach seiner Wahl eine Reise nach Rom. Auf einer Synode der sächsischen Aebte zur Abstellung mehrerer in die Klosterdisciplin eingeschlichener Schäden — es kam auch ein Fall aus dem Bremischen Sprengel zur Sprache — traf Hartwich mit seinem Freunde Bischof Anselm von Havelberg zusammen, welcher ebenfalls nach Rom wollte.[1] 1149 im Februar machten sich die Beiden auf den Weg,[2] waren im März beim Papst in Tusculum,[3] gingen im Mai als dessen Gesandte in die Lombardei König Konrad entgegen,[4] welcher, vom Kreuzzuge zurückkehrend, eben in Istrien gelandet war.[5] Aber schon in Tuscien erfuhren sie, dass der König sein Kriegsunternehmen gegen Roger von Sicilien ausgesetzt und schleunigst über die Alpen gegangen war, und kehrten deshalb, die Sommerhitze und die Länge und Beschwerlichkeit des Weges scheuend, zum Papst zurück. Im Sommer (etwa Juni) trat Hartwich dann wieder den Heimweg an.

Sein grosses Vorhaben war aber gänzlich gescheitert. Die mehreren Monate lang, die er am päpstlichen Hofe zubrachte, hatte er dafür alle Mittel in Bewegung gesetzt, Ueberredung, Gefälligkeiten, Geldspenden; aber die endliche Entscheidung blieb

---

Erzbischof Adalbert in den Mund legt, wörtlich in eine Urkunde auf (Hambg. U. B. Nr. 220). Auch sonst gedenkt er mit Vorliebe der hohen Verdienste seines verehrten Vorgängers.

[1] Wibald. ep. 161. 219.
[2] Wibald. ep. 158. 159.
[3] Jaffé, Konrad III. p. 279.
[4] Wibald. ep. 185. Otto Frisingensis, Gesta Fridr. I c. 61.
[5] Jaffé, a. O. p. 168, 169.

doch eine ungünstige.¹) Zwar gestattete Eugen III. mit Bereitwilligkeit die Errichtung der slawischen Bisthümer, aber die ganze nordische Kirche wieder einem deutschen Metropoliten zu unterwerfen: dazu wollte, dazu durfte er nach Consequenz der Grundprincipien des Papstthums, seine Zustimmung nicht geben. Hatte er sich doch eben erst überzeugt, wie viel Selbstgefühl und Unabhängigkeitsstreben dem deutschen Episcopat noch inne wohnte und hatte nicht ohne Mühe und Aergerniss die unbotmässigen Erzbischöfe Arnold von Köln und Heinrich von Mainz gebändigt,²) und nun sollte er einem andern wahrlich nicht minder hochstrebenden und dazu weit entfernten deutschen Bischof mit eigener Hand ein unerhörtes Machtgebäude aufrichten helfen? Das hätte, wenn man die Consequenzen daraus zog, nichts Kleineres bedeutet, als dass er, der Papst, sein bisher mit allen Mitteln der rücksichtslosesten Energie verfochtenes Princip der ausschliesslichen Alleinherrschaft Roms freiwillig aufgeben, die monarchische Einheit der Kirche in Trümmer legen sollte. Auch bei König Konrad machte Hartwich, eingedenk der Unterstützung, welche Heinrich V. und Lothar seinem Vorgänger hatten zukommen lassen, den Versuch, ihn für seinen Plan in Bewegung zu setzen: er wurde abgewiesen.³)

Nun bemühte er sich in Dänemark selbst einen Zugang zu öffnen, indem er die dortigen Thronfolgewirren für seinen Plan auszubeuten gedachte. Die Einzelheiten der Sache sind ziemlich räthselhaft: zuerst unterstützte er den einen der Gegenkönige, darauf den andern; schliesslich doch vollständige Täuschung.⁴)

Und gleich darauf traten Ereignisse ein, welche Hartwich auf lange Zeit von allen Unternehmungen gegen den Norden weg und in

---

¹) Helmold lib. I cap. 67. Qui (H.) propter generis nobilitatem duplici principatu clarus, magno studio enisus est pro recuperandis suffraganeis episcopis universe Dacie, Norwegie, Suecie, quos Hammemburgensi ecclesie quondam pertinuisse commemorat antiquitas. Sed cum obsequiis et variis largitionibus nil proficisset apud papam . . .
²) Jaffé, p. 163 f.
³) Helmold c. 69.
⁴) Vergl. unten. Hartwich's Absicht deutet Saxo Gramm. (ed. Klotz p. 403) an: (Kanutus) accedit Hartwicum, jam pridem Danis suae ditioni exemptis infestum.

ganz andere Bahnen trieben. Bei der Errichtung der slawischen Bisthümer verwickelte er sich in politische Händel, immer tiefer und tiefer sah er sich in ihren Strudel hinabgezogen, sah alle jene lockenden Bilder von Grösse und Herrlichkeit um sich versinken und kaum entrann er dem gänzlichen Schiffbruch. Vom Kaiser seiner Lehen verlustig erklärt, vom Sachsenherzog aus seinem Lande vertrieben, von Jedermann verlassen, musste er mehrere Jahre hindurch das Brod der Verbannung essen. Als es ihm aber gelang, die polischen Irrungen beizulegen und auf seinen Bischofsstuhl zurückzukehren, warf er sich wieder mit ungeschwächter Elasticität auf die alten Primatsideen. Unterdessen hatte sich aber im Entwicklungsprocess der nordischen Kirche ein wichtiger Fortgang vollzogen, auf den wir hier etwas eingehen müssen.

Durch Hartwich's Verhandlungen vom Jahre 1149 war die Aufmerksamkeit der römischen Curie auf die kirchlichen Verhältnisse des Nordens gezogen; denselben definitiv eine feste Gestalt zu geben, war der Zweck der Sendung des Cardinalbischofs von Albano, Nikolaus Breakspeare, welcher 1153 eine grosse Rundreise durch die scandinavischen Reiche antrat.[1] Es ist gewiss kein Zufall, dass der Cardinal zu Schiff nach Norwegen ging;[2] denn auf dem Landwege hätte er, peinlich genug, Bremen oder Hamburg berühren müssen. In Norwegen angekommen, erhob er diese Kirchenprovinz zu einem dem römischen Stuhl direct untergestellten Erzbisthum mit dem Metropolitansitze Nidaros (Drontheim).[3] Ein Gleiches sollte in Schweden geschehen, aber die Eifersucht zwischen Gothen und Schweden, welche sich über den Sitz des zu ernennenden Erzbischofs nicht einigen konnten, liess es zunächst noch nicht dazu kommen. Der Erzbischof von Lund endlich wurde für die Schmälerung seines Wahlbezirkes mit dem (bald wirklich erfüllten) Versprechen abgefunden, den Titel eines päpstlichen Legaten und Primas von Schweden führen und den erwählten Erzbischof von Schweden consecriren und mit dem Pallium be-

---

[1] Münter p. 92—107. Maurer p. 677—686. Guillelmi Neubrigensis Hist. I c. 6. Saxo Grammt. XIV.
[2] Saxo Gramm. XIV. . . . Britannicum permensus Oceanum . . .
[3] H. U. B. N. 202. Thorkelin, Dipl. Arnamgnaea. II p. 3.

kleiden zu dürfen.¹) Durch diese Bestimmungen ging für
Bremen auch der letzte Schein einer Oberhoheit über den Norden,
welchen es bis dahin wenigstens in der Idee noch behauptet
hatte, verloren.

Trotz alledem gab Hartwich sein Spiel noch nicht auf.
Beim Papste hatte er nichts erreichen können, darum versuchte
er es jetzt mit dem Kaiser. Gleich nach seiner Versöhnung mit
Friedrich I. (1157) gelang es ihm, diesen für seine Sache zu
interessiren; und in der That hatte das Kaiserthum, wie schon
der Vorgang Heinrich's V. und Lothar's es gezeigt hatte, einigen
Antheil an Bremens Primat; denn nicht bloss des Kaisers ideale
Gewalt als oberste der Christenheit musste dadurch neuen Glanz
erhalten, dass alle scandinavischen Völker dem geistlichen Re-
gimente Deutschlands unterstanden, sondern es konnten daraus
auch sehr viele Vortheile fliessen, namentlich jetzt, wo der
Kaiser über Dänemark, begünstigt durch die dortigen Thronstreitigkeiten, die vollständige Oberhoheit zu gewinnen im Begriff stand. Gleichzeitig bot der Zufall eine Handhabe, um auf
die nordische Kirche eine starke Pression auszuüben. Erzbischof
Eskill von Lund war nämlich, aus Rom heimkehrend, in Burgund
ausgeplündert und gefangen worden.²) Es ist kaum zu zweifeln,
dass es auf Hartwich's Veranlassung geschah,³) dass der Kaiser
sich Eskill ausliefern liess, um ihn, wie es scheint, zur Wieder-
unterwerfung unter Bremen zu zwingen.⁴) Kaum war das
jedoch dem Papst Hadrian IV. (Nikolaus Breakspeare) zu Ohren

---

¹) Saxo Gramm. l. XIV. Statuit quoque, ut quicunque Maximi Sueonum
Pontifices creandi essent, pallio a curia dato, per Lundensem insignirentur
Antistitem, camque sedem perpetuo venerarentur obsequio.

²) Otto Fris. Chron. contin. Sanblasiana c. 8.

³) Hartwich trifft mit Friedrich I. 1157 August 3. in Halle zusammen.
Stumpf N. 3776.

⁴) Das letztere scheint mir aus einem Briefe hervorzugehen, welchen
Eskill aus der Gefangenschaft schreibt. (Gedruckt bei Münter p. 814). — Es
heisst daselbst: Dominus Imperator Romanus nos apud eum graviter peccasse
imponit, et nos sui regni et suae coronae diminutionem fecisse causatur
Sed haec est gloria nostra, hic est thriumphus noster. In tantum enim Danici
regni honorem et Danicae ecclesiae exaltationem desidero, ut gratius sit
mihi pati pro ea quam regnare in ea.

gekommen, welcher sich von seiner Legationsreise her als besonderen Protektor des Nordens betrachtete, als er auch die Cardinäle Bernhard von St. Clemens und Roland Bandinelli an den Kaiser abordnete, der eben in Besançon einen Reichstag hielt (1157 Oct. 24).[1]) Hier überreichten die Legaten jenen berühmten Brief, in welchem der Papst an „das schauderhafte und fluchwürdige Verbrechen" von Eskill's Gefangennehmung anknüpfend, das Verhältniss zwischen Kaiser und Papst erörterte, und endlich alle Gewalt, die der erstere habe, für ein Beneficium des letzteren erklärt.[2]) Allbekannt ist es, welch ein Sturm auf diesen Brief gegen die Legaten losbrach und welche Zerwürfnisse zwischen Kaiser und Papst die Folge waren. Dennoch hielt man es für gerathen, die Gefangenschaft Eskill's, einen offenbaren Gewaltact,[3]) bald aufzuheben.[4])

So war für dieses Mal der Sieg Hartwich wieder unter den Händen entschlüpft, und es bedeutete nicht sehr viel, dass der Kaiser im folgenden Jahre (1158 März 16.) zu Frankfurt die Rechte der hamburg-bremischen Kirche in ihrem alten Umfange, insbesondere die Metropolitanrechte über die scandinavische Kirche bestätigte.[5]) Reale Vortheile konnte diese Bestätigung erst bieten, wenn der Kaiser sich entschloss, mit seinem ganzen

---

[1]) Otto Fris. cont. Sanblas. c. 8. gesta Frider. III. c. 8.
[2]) Der ganze Brief bei Otto Fris. gesta Frider. III. c. 9.
[3]) Ragewin (III. c. 8) giebt zu: causa vero adventus eorum (der Legaten) speciem sinceritatis videbatur habere.
[4]) Maurer, Note 376 citirt den Anonym. Roskild. (Langebek SS. rer. Dan. I. p. 386), wonach Waldemar I. noch 1157 von Eskill gekrönt wurde.
[5]) Hambg. U. B. N. 208. Die Vorlage für die Urkunde Friedrich's I. war eine Urkunde Kaiser Otto's (I.) wahrscheinlich die Stiftungsurkunde für Aldenburg, (vergl. Koppmann p. 52) und die Stiftungsurkunde Ludwigs des Frommen für Hamburg, letztere in einem wahrscheinlich von Hartwich selbst interpolirten Exemplar. Doch hatte die Fälschung auf die kirchlichen Verhältnisse keinen Bezug. Vergl. Excurs V. Auch der Besitz des Klosters Turholt in Flandern wird noch einmal zugesichert, obgleich dasselbe schon von Adalbert I. aufgegeben war (vergl. H. U. B. N. 100). Doch liegt schwerlich ein Versuch Hartwich's vor, die Ansprüche auf Turholt zu erneuern, sondern nur die Unwissenheit des kaiserlichen Canzleibeamten, welcher den auf Turholt bezüglichen Satz aus der Urkunde Ludwig's des Frommen herübernahm.

Einfluss auf den Dänenkönig dafür in die Schranken zu treten; und es mag wohl sein, dass in dem Sinne auch Verhandlungen angeknüpft worden sind; denn schwerlich absichtslos hat sich Hartwich bald nach Empfang der kaiserlichen Bestätigungen auf den Hoftag zu Augsburg begeben (1158 Juni) [1]) wo eine dänische Gesandtschaft erschien und für Waldemar I., welcher eben den Thron bestiegen hatte, vom Kaiser die Investitur und Bestätigung erbat und auch ferner Lehnsunterthänigkeit gelobte. [2]) Dem sei nun aber wie ihm wolle, soviel stand fest, dass die skandinavischen Bischöfe sich einem kaiserlichen Befehl nie fügen würden, wenn er nicht auch vom Papst unterstützt wurde. Zu dem Ende richtete Hartwich an Hadrian IV. das eigentlich schon von vorn herein hoffnungslose Gesuch, die von seinen päpstlichen Vorgängern der Bremer Kirche ertheilten Privilegien zu erneuern. Das konnte Hadrian nicht gut abschlagen, wusste aber dem Kern des Verlangens geschickt auszuweichen; in der Bulle nämlich, welche er 1159 Oct. 21. an Hartwich erliess, [3]) vermied er es, die Urkunden seiner Vorgänger namentlich zu nennen und bestätigte nur ganz im Allgemeinen, was die Hamburger Kirche in praesentiarum juste et canonice besässe, bestimmte als Grenzen die Nordsee, Ostsee, Peene; der nordischen Bisthümer dagegen ward mit keinem Worte Erwähnung gethan.

Da trat mit dem Tode Hadrian's IV. (1159 Sept. 1.) eine wesentliche Veränderung der Sachlage ein. Das Schisma zwischen Roland und Octavian legte in das römische hierarchische System eine schwere Bresche, und es schien zu Anfang, als sollten der Kaiser und sein Papst, der sich Victor IV. nannte, vollständig triumphiren. Erzbischof Hartwich wurde entschiedener Victorianer; das war nicht blosse Willfährigkeit gegen Friedrich I., sondern die Consequenz des Verhaltens, welches Rom in der Primatsfrage bisher gegen ihn beobachtet hatte. In Victor IV. dagegen hatte Hartwich jetzt einen Papst gefunden, der in seiner gänzlichen Abhängigkeit von dem Kaiser und dem deutschen Clerus sich nicht

---

[1]) Hambg. U. B. N. 213.
[2]) Dahlmann, Geschichte von Dänemark I. S. 261. 278.
[3]) Hambg. U. B. N. 217.

weigern dürfte zu dem kaiserlichen Gebot, dass die scandinavische Kirche dem Bremer Erzbisthum wieder unterthänig werden sollte, um auch seine oberste geistliche Autorität in die Waagschale zu werfen. Gleichzeitig traten auch im Schoosse der nordischen Kirche für Bremen günstige Constellationen ein.[1]) Eskill von Lund erklärte sich für Alexander III. und behauptete die Verbindlichkeit dieser Parteinahme für das ganze dänische Reich; aber König Waldemar I., dessen autocratischer Sinn die Unabhängigkeit des Königthums von dem bis dahin übermächtigen Priestereinfluss eifersüchtig erstrebte, dem politische Rücksichten ausserdem einen engen Anschluss an den Kaiser geboten, trat auf Victor's Seite, mit ihm die Bischöfe von Aarhus und Ripen und der einst vom Erzbischof vertriebene, jetzt von Waldemar wieder eingesetzte Occa von Schleswig.[2]) Dem gegenüber opponirte Eskill mit steigender Leidenschaftlichkeit, bis er endlich seine Stellung unhaltbar gemacht hatte und das Land verlassen musste.[3])

Um dieselbe Zeit (1160 Febr.) proclamirte das Concil von Pavia die alleinige Rechtmässigkeit Victor's; Waldemar's Gesandter Radulf und der Bischof von Ripen überbrachten die Anerkennung Dänemarks,[4]) und einige Anzeichen scheinen beinahe dafür zu sprechen, dass die Victoriner unter den dänischen Bischöfen sich einer Verbindung mit Bremen zu nähern begannen.[5]) Jetzt schien

---
[1]) Vergl. H. Reuter, Geschichte Alexanders III., I. p. 215—221.
[2]) Saxo Gram. l. XIV. (ed Stephani et Klotz) p. 464—67. Münter a. a. O. p. 304. 483.
[3]) Saxo p. 467. Inde ne schismatis contagio implicaretur, Hierosolymitanae peregrinationis iter ingreditur, satius ratus, a suis penatibus quam a Romanae amicitiae limitibus exulare.
[4]) Saxo p. 469. Otto Frising. gesta Frid. IV. c. 70. Regest. hist. Dan. N. 227, 228. Reuter I p. 114 f. H. Prutz, Friedrich I., I. p. 240 f
[5]) Otto Fris. gesta IV. c. 70 ist unter den Unterschriften des Synodalrescripts „Ego Hartwicus Bremensis archiepiscopus cum suffraganeis interfui et consensi." Wer sind diese Suffragane, die in Pavia mit anwesend waren? Herold von Aldenburg gewiss nicht; denn Helmold, welcher c. 90 über das Paveser Concil berichtet, weiss nichts davon, ebensowenig von einer Anwesenheit Evermod's von Ratzeburg oder Berno's v. Schwerin; bei diesen kommt noch hinzu, dass der erste als streng kirchlich gesinnt, der zweite als Mitglied des Cistercienserordens, welcher sich für Alexander erklärt hatte, schwerlich directe Anhänger Victor's gewesen sein können. So bleibt für unsere Vermuthungen nur übrig, dass unter dem „cum suffraganeis interfui" der Bischof von Ripen gemeint ist.

für Hartwich der schickliche Moment da zu sein, um mit seinen Forderungen hervorzutreten. Der Papst sah sich dadurch in ein peinliches Dilemma versetzt; auf der einen Seite war er dem Erzbischof, welcher ihm eben auf dem Concil seine Stimme gegeben hatte, jede Rücksicht schuldig, durfte zumal dieses Verlangen, welches ja bloss die Bestätigung eines seit Jahrhunderten durch zahllose Urkunden feststehenden Rechtes enthielt, schicklich nicht verweigern; andererseits musste durch ein solches Vorgehen dem der Partei Alexander's III. anhängenden Theile der scandinavischen Kirche der jetzt noch offen stehende Weg zur Verständigung auf immer abgeschnitten werden, musste ferner, wenn die dänische Kirche von Deutschland abhängig würde, vor den Augen der Welt jedes Gewicht, welches ihre Anerkennung für Victor hatte, verschwinden; endlich konnte auch König Waldemar leicht verletzt werden. In dieser Verlegenheit half sich der Papst dadurch, dass er die verlangte Bestätigung an Hartwich zwar ausfertigte, aber ihren Inhalt möglichst unbestimmt und doppelzüngig fasste. Zuerst nämlich confirmirte er sämmtliche im Besitze Bremens befindliche päpstliche Privilegien und Verleihungen von Gregor IV. bis herab auf Innocenz II., also implicite auch die Metropolitanrechte über den Norden, und hoffte dadurch Bremen zufrieden gestellt zu haben; dann bei der Einzelaufzählung der Suffragane nannte er nur Aldenburg, Ratzeburg und Meklenburg, glaubte somit auch der scandinavischen Kirche keinen Grund zur Klage zu geben.[1])

Mit einer so lauen und zweideutigen Unterstützung war Hartwich wenig geholfen, und er beschloss daher, sich dem Dänenkönig selbst zu nähern. Nach dem Paveser Concil war der Anhang Alexander's immer entschiedener angeschwollen; ausser den dem Kaiser unmittelbar gehorchenden Ländern war nur noch Dänemark auf Victor's Seite; zwei Gesandschaften, früher Christian von Buch,[2]) jetzt ein Cardinal Bernhard hatten diese Stimmung zu befestigen gesucht.[3]) Eskill, das Haupt der Opposition, war geflohen, Absalon von Roeskilde, der mächtigste Kirchenfürst und Rathgeber Waldemar's, hatte sich nach längerem Schwanken

---
[1]) Hambg. U. B. N. 221.
[2]) Saxo p. 467.
[3]) Saxo p. 470.

endlich für Victor entschieden,¹) und zog jetzt mit seinem König auf die grosse Kirchen- und Reichsversammlung, welche Friedrich I. zur Anerkennung seines Papstes nach Burgund berufen hatte ²). Auf der Reise ward Waldemar in Bremen vom Erzbischof Hartwich mit ausgesuchtester Gastfreundschaft aufgenommen; um die Höflichkeitsbezeugungen zu erwidern, bat der König den Erzbischof, dass er ihn geleite; dieser antwortete, es zieme sich nicht, dass er den König geleite, vielmehr, dass er ihm Gefolge leiste und schloss sich mit mehreren sächsischen Grossen dem dänischen Zuge an.³) Welchen Verlauf Hartwichs Verhandlungen mit Waldemar und der dänischen Geistlichkeit genommen haben, ist nicht überliefert; dass ihr Ende kein günstiges war, zeigte sich bald auf der grossen Versammlung in St. Jean de Losne. Hier suchte Hartwich einen Concilsbeschluss zu Stande zu bringen, wonach die Kirchen der drei nordischen Reiche, welche sich gewaltsam losgerissen hatten, zu dem schuldigen und trotz Papst und Kaiser noch immer verweigerten Gehorsam gezwungen werden sollten. ⁴) Aber wie sollte die Versammlung zu den überzahlreichen misslichen Verwicklungen sich noch eine neue schaffen, die letzten im Auslande noch festgehaltenen Anhänger auf die Seite des Gegners treiben? Hartwich musste auch dieses Mal sich in seinen Illusionen getäuscht, seine Forderungen unbeachtet sehen. Die Dänen nahmen immer mehr eine zurückhaltende Stellung ein und Victor II. selbst scheute

---

¹) Saxo p. 470, 71.
²) Helmold I. c. 90. Tunc abierunt simul Waldemarus cum episcopis Daniae, Hartwichus archiepiscopus, Geroldus episcopus et comes Adolfus cum multis Saxonie nobilibus ad prefixum colloquii locum.
³) Saxo p. 472. Ingressos Bremam civitatem antistes omnibus humanitatis numeris instructissimus, clementiaque et liberalitate conspicuus, impensioribus hospitalitatis officiis prosequendos suscepit. Idem de ductu dando sollicitatus, comitandi sibi regem, non ductandi, fas esse respondit. etc.
⁴) Alb. Stad. a. 1163. Ibi Waldemarus duo regna, Daciae et Sweciae ab imperatore suscepit. Venit Hardwicus Bremensis archiepiscopus, conquerens ibidem, quod tria regna, Daniae, Sueciae, Norwegiae, se de sua sede abstraxerint violenter, cum jure deberent suam sinodum observare. Venit Reinnoldus Coloniensis, et Absalon Lundensis. — Hartwich's Anwesenheit bestätigt seine Zeugenunterschrift bei Muratori, Antiquit. Ital. VI. p. 57, wo er sich freilich die sonderbare Verstümmelung in: Narchuntus gefallen lassen muss. — Ueber das Concil vergl. Saxo p. 473—75, Reuter I. p. 223—25, II. p. 139, Prutz Friedrich I. p. 313—318.

sich nicht vor einem Verstoss gegen das von ihm selbst der Bremer Kirche zugesicherte Metropolitanrecht. Denn eine Kränkung dieses Rechtes war es gewiss, dass der Papst als Gegendemonstration gegen Waldemar und Absalon, welche die Versammlung im Augenblick der Verfluchung Alexander's verlassen hatten, einen Livo zum Bischof von Odensee consecrirte, [1]) obgleich dieser Act nach des Papstes eigenem Versprechen dem Erzbischof Hartwich zukam.

Es ist bekannt, wie nach dem Tuge von St. Jean de Losne der kaiserliche Papst Niederlage auf Niederlage erlitt. Auch im Verhalten der scandinavischen Kirche fand das seinen Ausdruck. Zwar hing Dänemark öffentlich noch immer Victor IV. an, aber in Schweden war man von Anfang an durchaus Alexander III. ergeben. Freilich konnte diese Stimmung nicht zur rechten Wirkung kommen, weil ihr energischer Leiter Erzbischof Eskill noch immer in der Fremde weilen musste; deshalb forderte das hierarchische Interesse ein neues Centrum für die schwedischen Alexandrianer, und das Mittel dazu wurde die schon von Hadrian IV. auf seiner Legationsreise in Aussicht gestellte Errichtung eines Erzbisthums in Upsala. [2]) 1164 kam der vom schwedischen König und Episcopat zum Erzbischof erwählte Stephan von Upsala an den Hof Alexander's III. und wurde hier von seinem Primas, Eskill von Lund geweiht und mit dem Pallium bekleidet. [3]) — Der Schlussstein in der kirchlichen Organisation Skandinaviens war vollendet, für Bremen der letzte Hoffnungsschimmer erloschen.

Durch so endloses Misslingen war auch Hartwich's stets elastischer und hoffnungsfrischer Muth gebrochen. Dem Ende seiner Laufbahn nicht mehr fern, musste er sich endlich unter die Erkenntniss beugen, dass die aus dem Schoosse einer ganzen Nation mit unaufhaltsamer Nothwendigkeit emportreibende Bildung der einzelne Mann nicht niederzuhalten vermag. musste sich gestehen, dass es ein glänzender Irrthum gewesen war, was er mit soviel Enthusiasmus zur Hauptaufgabe seines Pontificats, seines Lebens gemacht, woran er mit soviel Hingebung und Zähigkeit

---

[1] Saxo p. 474. Dio postero Octavianus Livonem Othoniensium electum, vehementer ab Absalone prohibitum, falsa Pontificis unctione prosequitur.

[2]) Iie Stiftungsurkunde im Auszug Hamb. U. B. N. 229, vollständig bei Liljegren, Diplomatarium Suecan. N. 50.

[3]) Dipl. Suec. N. 110.

gearbeitet und gekämpft hatte. Mit dem Gedanken an die Unterwerfung der nordischen Kirche, dem grössten und liebsten seines Lebens, ist er nie mehr hervorgetreten.

IV.

Wir haben gesehen, dass die Wiedergewinnung des Nordens nach Hartwich's Absicht nur Theil eines umfassenderen Planes zur Neugestaltung der Hamburg-Bremischen Kirche war; als ergänzender zweiter Theil sollte sich daran die kirchliche Organisirung der slawischen Ostseelande durch Errichtung dreier Bisthümer schliessen. Zwischen beiden Theilen findet ein principieller Unterschied statt. Der erste ist die Vernichtung, der zweite die Erfüllung einer naturgemässen und nothwendigen Entwicklung. Entsprechend der innerlichen Wesensverschiedenheit der beiden Aufgaben, verläuft ihre Verwirklichung.

Papst Eugen III. hatte, wie oben erwähnt, auf Hartwich's persönlich vorgelegte Bitte seine Zustimmung zur Errichtung der slawischen Bisthümer ertheilt. Der eben von einer polnischen Gesandtschaft nach Deutschland kommende Cardinaldiacon Guido von S. Maria de porticus erhielt mehrere darauf bezügliche Aufträge, von deren Natur — für unsere Kenntniss von der rechtlichen Stellung Bremens zum Papst ist das sehr zu bedauern — wir nichts Näheres erfahren.[1] Freilich scheint auch der Legat sich selbst darüber keineswegs klar gewesen zu sein, in welcher Art er die angeordnete Mitwirkung bei Konstituirung der Bisthümer ausführen sollte; denn er schreibt in augenscheinlicher

---

[1] Unsere Nachrichten beschränken sich auf folgende Stelle in einem Briefe Guido's an Wibald (ep. 184) Fraternitati vestrae presentibus scriptis notificare decrevimus, quod peracta legatione domni papae in Polonia ad partes Saxonum devenimus (1149 Mai-Juni) ibique pro complenda legatione ejusdem domini nostri de constitutione episcoporum in Leuticiam seu etiam pro negotio ducis....(unleserliche Stelle der Handschrift)...quod vobis non exstat incognitum, moram necessario facimus. Quia vero in utroque negotio vestro auxilio seu consilio magnopere indigemus etc. Was die Angelegenheit mit dem Herzog wohl gewesen sein mag? Sollte vielleicht schon damals Heinrich der Löwe seine Ansprüche auf Investitur oder gar Einsetzung der Bischöfe haben laut werden lassen und daraus die Rathlosigkeit des Legaten entsprungen sein?

Rathlosigkeit an Wibald von Corvey, er möchte doch schleunigst und mit Hintansetzung aller anderen Rücksichten zu ihm kommen und mit Rath und That helfen. Wibald antwortete, er könne der Bitte unmöglich Folge leisten, da ihm unumgängliche Reichsgeschäfte festhielten.¹) Was darauf der Cardinal that, in welcher Weise oder ob überhaupt er seine Mission erfüllte, darüber erfahren wir nichts; jedenfalls hat er Sachsen und wohl auch Deutschland schon verlassen, als die Einweihung der neuen Bisthümer vor sich ging.²)

Im Laufe des Sommers (1149) war Hartwich aus Italien zurückgekehrt, hatte, vielleicht noch gemeinschaftlich mit dem Legaten, die Seitens der Kirchenordnungen geforderten Vorbereitungen getroffen, und im Herbst war man so weit, dass die förmliche Einverleibung der slawischen Gemeinden in den regelmässigen Organismus der Kirche vor sich gehen konnte.³) Es handelte

---

¹) Wib. ep. 186.
²) Die Weihe ist im October, und August 21. befindet sich der Cardinal auf der Rückreise in Frankfurt. Wib. ep. p. 351. not. 1.
³) Für die ganze folgende Darstellung sind wir fast ausschliesslich auf Helmold angewiesen. Aber Helmold zieht Hartwich nur da in seine Erzählung, wo derselbe in unmittelbare Beziehungen zur wagrischen Kirche tritt; für das andere hat er keinen Sinn, das liegt überhaupt ausserhalb der Aufgabe seines Werkes. Diese Einseitigkeit der Quelle hat sich schlechterdings bis zu einem gewissen Grade unserer Darstellung mittheilen müssen. Was Helmold aber erzählt, das weiss er gut und sicher, berichtet er treu und wahrhaftig. Dennoch bedarf unser Vertrauen einer gewissen Einschränkung, nicht sowohl in Bezug auf das Thatsächliche, als in der Auffassung und Motivirung. Helmold sieht überall nur mit den Augen des Mönchs von Faldera, dem die Wagrische Mission über Alles geht. Deshalb ist sein Urtheil über Hartwich meist einseitig und beschränkt; dessen weitgreifende hierarchisch-politische Intentionen vermag er nur als sträflichen Ehrgeiz aufzufassen, aus welchem der Missionssache mancher Schaden erwächst. Schon Adalbert's I. Patriarchatsideen sind für ihn (c. 22.) sapientibus ineptie quedam et deliramenta, wie vielmehr nicht Hartwich's kühne Pläne, und es ist nur die gebührende Ehrfurcht gegen diesen seinen Oberherrn, was ihn hindert, seiner Kritik freieren Lauf zu lassen. Geschärft wird Helmold's Missfallen an Hartwich durch einen zweiten Umstand. Gerold, der zweite Bischof von Aldenburg, sein Herr und Meister, ist von Heinrich dem Löwen im Gegensatz zum Erzbischof eingesetzt und deshalb von demselben anfangs gar nicht, dann nur grollend anerkannt. Und Helmold's Urtheil ist von der imposanten Erscheinung des grossen Slawenbändigers so befangen, dass er des Erzbischofs Widerstand gegen denselben für vermessene, hochfahrende Auflehnung, des

sich nicht um eine blosse Wiederbesetzung des seit 83 Jahren vacanten Aldenburger Bischofsstuhles, sondern um eine gänzliche Neubildung;¹) das für die Kraft eines Hirten allzu grosse Gebiet sollte, wie schon Adalbert es beabsichtigt aber nicht ausgeführt hatte,²) in drei Sprengel getheilt werden mit den Bischofssitzen in Aldenburg, Ratzeburg, Mecklenburg. Im Kloster Rosenveld wurden am 11. October Vicelin für Aldenburg und ein anderer Priester Namens Emmehard für Mecklenburg geweiht und dann, wie Helmold sagt, ausgesandt in das Land des Mangels und des Hungers, wo die Behausung des Satans war und die Wohnung jeglichen unreinen Geistes.³) — Die Ordination geschah weder durch den päpstlichen Gesandten, noch unter dessen Assistenz, sondern direct durch den Erzbischof. Man erkennt hieraus

---

Erzbischofs Groll gegen Gerold für eigensüchtige Gleichgültigkeit gegen die Heidenbekehrung hält. Aus diesen Ursachen bedarf die Motivirung, welche Helmold zu Hartwichs Handlungen giebt, überall eines Correctivs.

¹) Helm. c. 69. nennt 84 Jahre, indem Beides, der terminus a quo (1066) und der terminus ad quem (1149) mitzählt.

²) Gegen Helm. c. 22 und c. 69 beweisst dieses Laspeyres, Bekehrung Nordalbingiens p. 116—120.

³) Helm. c. 69. nachdem er den missglückten Versuch zur Unterwerfung Scandinaviens erzählt hat, fährt fort: .. ne omnino careret suffraganeis, aggressus est jam pridem abolitos episcopatus Sclavie suscitare. (Es ist klar, dass er alle drei meint, weil er kurz vorher von tres episcopatus gesprochen und sie namentlich aufgezählt hat.) Accitum igitur venerabilem sacerdotem Vicelinum Aldenburgensi sedi consecravit episcopum, cum jam esset etate provectus et mansisset in terra Holzatium triginta annis (das Richtige ist 24 Jahr) Porro in Mikilinburg ordinavit domnum Emmehardum, et consecrati sunt ambo in Rossevelde missique in terram egestatis et famis, ubi erat sedes Sathanae et habitatio omnis spiritus immundi. — Für Ratzeburg wurde damals noch kein Bischof ernannt, wohl aus Mangel an einer geeigneten Persönlichkeit; doch sollte die Vakanz jedenfalls nur eine vorübergehende sein. — Das Datum der Consecration (11. Oct.) ergiebt sich durch Subtraction der Sedenzzeit Vicelin's (nach Helm. c. 78. 5 Jahre und 9 Wochen) von seinem Todestage (1154 Dec. 12.), natürlich nur mit ungefährer Richtigkeit. — Philippson, Geschichte Heinrich's des Löwen, II. c. 2, not. x. stellt die Richtigkeit von Helmold's Satz: ne omnino careret suffraganeis in Abrede, und zwar auf Grund der unerhörten Behauptung: „jedoch ist sicher, dass der Bischof von Verden stets ein Suffragan Bremens geblieben ist" (!) Ebenso richtet es sich selbst, wenn Philippson p. 136 erzählt, schon lange hätten sich die dänischen, schwedischen, norwegischen Suffragane den Erzbischöfen von Lund, Tronthiem !) und Upsala (!) untergeordnet.

bezüglich den Charakter der Mission des Cardinals wenigstens soviel, dass in ihr eine etwaige Absicht, mit Hintansetzung des von Leo IX. der Bremer Kirche verliehenen Legations- und Vicariatsrechts die neuen Bisthümer direct von Rom aus zu errichten, nicht gelegen haben kann, dass somit die Autorität des Erzbischofs von dieser Seite her genügend gewahrt blieb.¹)

Ein desto verhängnissvollerer Angriff brach seitens der weltlichen Macht los. Herzog Heinrich von Sachsen trat mit der Erklärung hervor, dass es ihm zukomme, die Bischöfe des Slawenlandes zu investiren und dass er die Neuordinirten nicht eher anerkennen werde, als bis sie aus seiner Hand die Investitur mit dem Scepter erhalten hätten. So war die in rein kirchlicher Absicht unternommene Bisthumsgründung mit einem Mal zur politischen Streitfrage erhoben. Ehe wir aber die Geschichte derselben verfolgen, scheint es geboten, zu untersuchen, zuerst, was zur Zeit objectiv als Recht galt, dann, was die Parteien als ihr Recht geltend zu machen suchten.

Die Wahl eines Bischofs geschieht durch die in den kanonischen Satzungen dazu bestimmten kirchlichen Autoritäten. Die weltliche Macht tritt erst mitwirkend ein, wenn mit der betreffenden Bischofswürde auch weltliche Hoheits- und Besitzrechte verbunden sind, der Bischof gleichzeitig Reichsfürst ist. In diesem, in Deutschland allerdings regelmässigen Falle werden dann die dem Reiche gehörigen Beneficien (Regalien) vom Reichslehnsherrn, dem König, an den Erwählten durch Investitur mit dem Scepter verliehen, worauf der also Belehnte dem König Mannschaft leistet.

In dem vorliegenden Falle nun bedeutete die Ordination Vicelin's und Emmehard's nur die Constituirung einer rein kirchlichen Ordnung zur Beförderung der Heidenbekehrung und enthielt zunächst keinerlei Anspruch auf weltliche Herrschaftsrechte. Der Erzbischof handelte also vollständig correct, wenn er in dieser dem rein internen Rechtsgebiet der Kirche angehörenden Sache keine der weltlichen Autoritäten, weder den König, noch den Herzog um Einwilligung oder Mitwirkung ersuchte. Es ist keine

---

²) In einer Urkunde (Hambg. U. B. N. 220) sagt H., er habe die Bisthümer gegründet auctoritate sedis apostolicae, cujus legatione fungimur.

Frage, dass für den eigentlichen Zweck der neuen Gründungen für die Heidenmission eine gütliche Verständigung ¹) mit dem Herzog von grösstem Nutzen gewesen wäre, aber Hartwich, mehr Fürst der Kirche als Priester, hielt es für das Nöthigste, den principiellen Rechtsstandpunkt scharf zu bezeichnen und zu wahren. ²) Ebensosehr eine Principienfrage war es von Seiten des Herzogs, dass er das Investiturrecht für sich forderte. Denn zunächst war, wie gesagt, mit den neuen Bisthümern noch kein Scepterlehn verbunden, es gab also in ihnen noch nichts zu investiren; wohl aber stand für die Folge zu erwarten, dass sie sich nach dem regelmässigen Laufe der Dinge ähnliche weltliche Herrschaften erwerben würden, wie sie die alten Bisthümer des Reiches lange hatten, und für die Frage, wem dann die Investitur zustehen solle, musste die jetzige Entscheidung von grösster präjudicieller Bedeutung sein. Hier begegnet uns von einer neuen Seite das im Obigen oft zu Tage getretene Grundbestreben Heinrich's des Löwen, seine herzogliche Gewalt auf der Basis einer neuen Rechtsanschauung von deren Wesen zu einer der königlichen sehr nahe kommenden zu steigern, ein Bestreben, welches sich in Bezug auf die slawischen Lande ganz schrankenlos kund that. Sehen wir zu, welche staatsrechtliche Stellung diese Lande damals einnahmen, und es wird sich deutlich ergeben, wie gut oder schlecht Heinrich's des Löwen Investituransprüche begründet waren.

Das sächsische Herzogthum, sowie es von Otto I. den Billungern übertragen war, bestand wesentlich in der Verwaltung der Marken gegen die nördlichen Slawen, eine Zeit lang auch gegen die Dänen. ³) War sonach seine eigentliche Aufgabe einerseits der Schutz der Marken, andererseits deren Vergrösserung durch Unterwerfung der Slawen, so standen die eroberten slawischen Gebiete unter genau derselben Oberhoheit des Reichs und Königs, wie die älteren Theile der Mark. Lothar und Konrad III. hatten

---

¹) In Anmerkung S. 69 ist darauf hingewiesen, dass die Verständigung mit dem Herzog vielleicht schon wirklich vor der Ordination versucht, aber vom Herzog verweigert worden war.

²) Helmold lässt den Erzbischof diese Anschauung in längerer, weiter unten wiederzugebender Rede entwickeln, die in dem Satze gipfelt: nonne satius est ferre jacturam bonorum quam honoris?

³) Weiland, das sächsische Herzogthum, cap. I.

hier ihre königlichen Rechte unbestritten ausgeübt, [1]) und Friedrich I. hebt einige Jahre später sehr bewusst und klar hervor, dass der Herzog das Land jenseit der Elbe durch seine königliche Gnade zu Lehen habe. [2]) So steht ausser allem Zweifel, dass in dem uns beschäftigenden Zeitpunkt die slawischen Lande Reichsland sind, dass also, wie auch Helmold es direct ausspricht, [3]) die Investitur ihrer Bischöfe nach Analogie der übrigen im Reiche einzig und allein dem König zukommen kann. [4])

An Stelle dieser bis dahin unangetasteten Anschauung suchte Heinrich der Löwe eine ganz neue einzuschieben, die nämlich, dass er in den slawischen Provinzen, als in eroberten und ererbten [5]), alleiniger Herr sei und sein Recht von keiner höheren

[1]) So z. B. sagt Konrad III. in einer Urkunde, welche dem H. Vicelin das Kloster Segeberg, die Kirche zu Alt-Lübeck und andere Besitzungen und Vorrechte verleiht: Hambg. U. B. N. 157 a. 1139, Jan. 5. .....ita ex dono nostrae largitatis..... possideant, nec ad aliquem, nisi ad nos vel ad successores nostros, Romanorum reges vel imperatores, hujus donationes respectum habeant. Weiter: ut a regio fisco et publicis vectigalibus immunes habeantur, neque ad placitum ducis vel comitis vel vicecomitis ullatenus vocentur etc.

[2]) Hambg. U. B. N. 205..... provincia ultra Albim, quam a nostra munificentia tenet....... und: ut ecclesiis illis de bonis regni conferat etc... ..... und: a manu ipsius (sc. ducis) quod regii juris est, tamquam a nostro recipiant.

[3]) Helm. c. 69. Episcopos investire solius imperatorie majestatis est.

[4]) Philippson I. p. 138 kommt durch falsche Prämissen und trügliche Schlussfolgerungen zu dem Resultate; „Ohne allen Zweifel gehörten Wagrien und Polabien nicht zum deutschen Reich. So war in Wagrien Herzog Heinrich der höchste Suzerän, dem sicherlich die Bestätigung der Bischöfe zukam." Prutz, Heinrich der Löwe p. 76 spricht sich über die Berechtigung oder Nichtberechtigung des Herzogs nur unbestimmt aus. Weiland, p. 156 f. weist überzeugend nach, dass die Investitur Recht des Königs sei.

[5]) Helm. c. 69. Der Herzog sagt zu Vicelin: Ego enim hujus rei moderator esse debueram, maxime in terra quam patres mei, favente Deo, in clipeo et gladio suo obtinuerunt et mihi possidendum heriditaverunt. Wir werden im weitern Verlauf noch eine ganze Anzahl von Quellenzeugnissen anführen, welche, wie überhaupt der ganze Investiturstreit, Heinrich's Absicht, das Slawenland zu seinem ausserhalb des Reichsverbandes stehenden Territorium zu machen, in ein klares Licht stellen. Eine ausführliche Untersuchung dieses Gegenstandes giebt Weiland c. IV. § 4. Helm. c. 87 zu a. 1160 Obtinuit apud cesarem auctoritatem episcopatus suscitare, dare et confirmare in omni terra Sclavorum, quam vel ipse vel progenitores sui subjugaverint in clipeo et jure belli. Aehnlich II. c. 9.

Gewalt ableite. Durch Ausübung der Bischofsinvestitur musste die erstrebte, wahrhaft königliche Machtvollkommenheit zur durchschlagendsten Geltung gebracht werden, und der gegenwärtige Augenblick der gleichmässigen Schwäche des deutschen Königthums und des Bremischen Erzbisthums gab dazu die einladenste Gelegenheit.

So bot der Herzog den Kampf und Hartwich nahm ihn an. Der Herzog eröffnete ihn, indem er seinen Vicegrafen Adolf von Holstein beauftragte, der Nichtanerkennung des neuen Bischofs — zunächst kam nur Vicelin in Frage, da Emmehard zu gar keiner Wirksamkeit gelangen konnte — durch Einziehung des Zehnten Nachdruck zu verleihen. Vicelin begab sich zum Herzog mit der Bitte dieses ihm so empfindliche Vorgehen rückgängig zu machen. Der Bescheid war eine Wiederholung der alten Forderungen: „Ich will Euch meine volle Gunst zuwenden, lässt Helmold den Herzog sagen, aber nur unter der Bedingung, dass Ihr die Investitur aus meiner Hand empfangen wollt. Nur so kann Euer Werk gedeihen." Das schien dem Bischof hart zu sein, weil es aller Gewohnheit zuwiderliefe; denn, sagt Helmold, Bischöfe zu investiren kommt allein des Kaisers Majestät zu. Da sagte zu ihm Heinrich von Witha, ein Getreuer des Herzogs: „Thut, was Euch nützlich ist, und seid meinem Herrn zu Willen, sonst wird Eure Arbeit am Hause Gottes vergeblich sein, weil weder Kaiser, noch Erzbischof Eurer Sache helfen können, so lange mein Herr dawider ist, denn er hat dieses Land von Gottes Gnaden." Sehr treffend bezeichnet so der Ritter die Sachlage: Heinrich der Löwe hatte thatsächlich die Macht, im Slawenlande wie ein König zu schalten, und Konrad III., dem dieser kecke Eingriff in sein eigentlichst königliches Recht unmöglich entgangen sein konnte, musste die Sache gehen lassen, wie sie eben ging. Vicelin, wohl zur Nachgiebigkeit geneigt, wollte zuvor noch den Rath seines Vorgesetzten einholen. In Bremen aber drangen der Erzbischof und der Clerus einmüthig auf das Gegentheil. Helmold lässt dabei Hartwich Folgendes sagen: „Dem Kaiser allein, der einzig erhaben und nächst Gott unter den Menschenkindern hervorragt, sei es nach vielfachen Opfern gestattet worden, an den Bischöfen die Investitur zu üben. Wahrlich für nichts Geringfügiges haben es die würdigsten Kaiser geachtet, Herren der Bischöfe genannt zu werden; sie haben aber diese Schuld mit den herrlichsten Schätzen des Reiches bezahlt, und deshalb schämt sich die Kirche nicht, sich um ein Geringes vor dem Einen zu beugen, durch den sie über Viele herrschen kann. Denn wo ist ein Herzog oder Markgraf oder sonst ein Fürst des Reiches, er sei noch so gross, der den Bischöfen nicht die Hände zur Huld hin hielte, der zurückgewiesen, sich nicht gelegen oder ungelegen, wieder aufdrängte? Um die Wette eilen sie herbei, um Mannen der Kirche zu werden und an ihren Gütern Theil zu haben. Und nun wollt Ihr diesem Herzog die Hände darreichen, damit nach diesem Vorgange nun Knechte der Fürsten würden, die bis jetzt Herren der Fürsten waren?[1]) Es ziemt sich nicht Eurem zu Ehren und Würden reifen Alter, dass durch Euch Missbräuche in das Haus des Herrn kommen. Und wenn die Wuth des Fürsten auch noch zügelloser gegen Euch losbrechen sollte, so ist es doch besser den Verlust irdischer Vortheile als den der Ehre zu ertragen." — So waren die Parteien, die eine im Bewustsein ihres Rechtes, die andere im Vollgefühl ihrer Macht, beide gleich in hartem, rücksichtslosem Trotz und keine gewillt von dem einmal eingenommenen Standpunkt um ein Haarbreit zu weichen. Den eigentlichen Schaden aber trug Vicelin und die wagrische Mission davon; mehrmals noch ging der um sein heiliges Werk besorgte Bischof den Herzog an, aber so geneigt auch er sich zu Zugeständnissen zeigte, Heinrich der Löwe und Hartwich blieben bei ihrem ersten Ausspruch.[2])

Hartwich war nicht gesonnen, es in thatlosem Groll beim leidenden Widerstande gegen den Welfen bewenden zu lassen. Dass vom König in dieser auch seine Autorität so arg verletzenden Sache nichts zu erwarten stand: davon überzeugte er sich genugsam auf dem Hoftage zu Fulda, [3]) 1150 April 3.; denn gleichzeitig beschäftigten Konrad missliche Verwickelungen

---

[1]) Laspeyres erinnert sehr treffend an den Sachsenspiegel, Landrecht I. Art. 3.

[2]) Helm. c. 69 klagt über den Erzbischof und die Bremer Geistlichkeit: Nam et ipsi vaniglorii atque divitiis adulte ecclesie saturi, honori suo hoc in facto derogari putabant, nec magnopere fructum, sed numerum suffraganeorum sedium curabant.

[3]) Wib. ep. 250.

mit Frankreich, den Normannen, dem Papst, dem griechischen Kaiser, und vollends das feindliche Vorgehen Heinrich's des Löwen wegen Baierns, konnte er nur mit Mühe durch hinhaltende Versprechungen abwehren.[1]) Hartwich betrachtete sich, wie jenes Gespräch mit Vicelin zeigt, im Streite mit Heinrich dem Löwen zugleich als Verfechter der solidarischen Interessen, der Ehre und Würde des ganzen deutschen Episcopats, und in diesem Sinne lud er jetzt die Bischöfe Norddeutschlands zu einer Besprechung nach Minden ein, um den Alle drohenden Uebergriffen des Sachsenherzogs gemeinsam entgegen zu treten.[2]) Die Versammlung scheint aber nicht zu Stande gekommen zu sein. Wenigstens schreibt Wibald,[3]) zu dem die alte Freundschaft auf längerem Besuche Hartwich's in Corvey wiederhergestellt war, er wolle auch auf die Synode kommen, befürchte aber deren Scheitern, weil die Bischöfe von Münster und Paderborn zu erscheinen verhindert seien. „Die Ursachen und Absichten dieser Zusammenkunft," fährt Wibald fort, und wir weisen auf seine Worte als auf ein Gegenstück zu Helmold's Beurtheilung der Sache hin, habe ich zum Theil erfahren und freue mich innig, dass das Feuer, das Jesus auf die Erde gesandt und wollte, es brennte, in Eurer Brust so mächtig angefacht ist. Ich fürchte aber und bedaure es schmerlich, dass die gegenwärtigen Zeitumstände Eurem Feuereifer feindlich sein werden, denn wie der Apostel sagt: Sie suchen alle das Ihre, nicht was Christi Jesu ist. Wenn nun das Feuer, das in Eurem Herzen glüht, aufzulohen und Flammen und Funken zu sprühen beginnt, so fürchte ich, das Ihr mit ebenso viel Recht wie Elias werdet sagen können: „Ich bin verlassen und allein." Wibald hatte richtig gesehen. Es fand sich Niemand, der Hartwich gegen den mächtigen Welfen beizustehen wagte, und als das Jahr (1150) zu Ende ging, vermochte Vicelin das Unleidliche nicht länger zu tragen und empfing in Lüneburg aus den Händen des Herzogs das Scepter.[4])

---

[1]) Jaffé, p. 178—183. 192.
[2]) Wie berechtigt diese Befürchtungen waren, zeigt des Herzogs späteres Verhalten zu Magdeburg, Halberstadt, Hildesheim, Verden, Paderborn, Corvey, Minden, Münster, Osnabrück. Vergl. Weiland p. 121—142.
[3]) Wib. ep. 259.
[4]) Helm. c. 70.

Dieser, eben mit den Vorbereitungen zu seinem Kriegszug gegen König Konrad beschäftigt, verschob die definitive Ordnung des Bisthums auf seine Rückkehr und verlieh Vicelin einstweilen bloss ein paar alte bischöfliche Besitzungen, Bosau und Dulzaniza; der Graf Adolf überliess ihm die Hälfte des Zehnten, aber, wie er sagte, nur aus Wohlwollen, nicht weil er dazu verpflichtet wäre, denn die Angelegenheiten des Bisthums seien noch nicht geordnet.

Zwischen dem Herzog und dem Erzbischof war allmählich die Spannung durch den Gegensatz ihrer politischen Stellung und gewiss nicht weniger durch persönliche Abneigung zu einer Höhe hinaufgeschraubt, welche über kurz oder lang eine gewaltsame Eruption nothwendig machte. Auch unter den andern Fürsten Sachsens begann es gegen Heinrich den Löwen zu gähren. Häufige Zusammenkünfte und Berathungen nährten diese Stimmung, und schon knüpfte selbst der König mit den Missvergnügten an.[1]) Ueber diese Vorgänge überhaupt nur spärlich unterrichtet, erfahren wir nicht, wie weit Hartwich schon damals an den Conspirationen Theil nahm. Seine Stellung kennzeichnet jedoch, dass Svend von Dänemark, indem er Konrad III. um Hülfe, insbesondere gegen Heinrich den Löwen bittet, sich zu diesem Zwecke gerade auf die Vermittlung Hartwich's neben der Konrad's von Meissen, eines Hauptgegners von Heinrich dem Löwen beruft.[2]) Ueberhaupt scheint bei Hartwich's damaliger Einmischung in die dänischen Thronstreitigkeiten soviel deutlich zu sein, dass dabei ein wesentliches Motiv neben den hierarchischen Zwecken die Hoffnung war, sich in Dänemark einen Bundesgenossen gegen Herzog Heinrich zu schaffen. Im Einzelnen bleibt Hartwich's Verhalten unverständlich genug. Anfangs unterstützte er Knut, ja soll ihm sogar die Mittel zur Anwerbung eines Heeres vorgestreckt haben; gleich darauf ist er wieder auf Seiten des andern Kronprätendenten, Svend's. Zur Erklärung dieser sprunghaften Politik dient vielleicht, dass sich inzwischen Knut Heinrich dem Löwen in die

---

[1]) Wib. ep. 1151 . . . crebris eorum colloquiis interesse non possumus etc. Eine dieser Zusammenkünfte erkennen wir in Magdeburg aus Heinemann, cod. dipl. Anhalt. N. 360—62.

[2]) Wib. ep. 337.

Arme geworfen hatte.¹) Unterdessen gewannen die Anschläge gegen Herzog Heinrich auf dem Reichstage, den der König Mitte September in Würzburg abhielt, feste Gestaltung. Hier hatte sich die ganze dem Herzog feindliche Partei zusammen gefunden: Albrecht der Bär, Konrad von Meissen, Hermann von Winzenburg (Hartwich's Schwager), die Bischöfe Ostsachsens und auch Hartwich.²) Es ward beschlossen, sich Sachsens durch einen Handstreich zu bemächtigen und so Heinrich den Löwen, welcher im Augenblick mit seinem Heere in drohender Haltung in Schwaben stand, von dem Hauptstützpunkt seiner Macht wegzudrängen. ³) Hartwich hatte, wie es scheint, schon damals des Papstes Beistand im Investiturstreit angerufen und war im Begriff deshalb nach Rom zu gehen. In diesem Moment aber, wo es galt, alle Heinrich dem Löwen feindlichen Kräfte zusammen zu halten, konnte der König ihn durchaus nicht vermissen und erwirkte ihm, unter dem Vorwande, dass er seiner zu den Vorbereitungen für die italienische Heerfahrt durchaus bedürfe,vom Papst einen Termin. ⁴)

¹) Die Quellen stimmen nicht ganz. Helm. c. 70. Kanutus enim, qui profugus exulabat apud archiepiscopum, conflato in Saxonia conducticio exercitu, reversus est in Daniam. Saxo Gramm. (ed. Klotz p. 403 ed. Müller & Velschow p. 684) Kanutus ... ad praefectum Saxoniae, Henricum, pervehitur. Apud quem minorem spe sua fortunam expertus, Hamburgensem antistitem Hartwicum accedit, jam pridem Danis suae ditioni exemptis infensum. A quo humanissime habitus bellique tandem subsidia mutuatus etc. Die Knytlinga Saga (in scriptores hist. Islandorum latine reddita curante societate regia antiquariorum etc. XI. p. 327) Itaque rex Cnutus meridiem versus Bremas adcessit ad archiepiscopum Hartwicum, a quo Brunsvikam ad ducem Henricum, imperatoris Conradi filium (!) deductus est etc.
²) Wib. ep. 343. Helm. c. 72.
³) Jaffé p. 204 f. Heinemann, Albrecht der Bär p. 186 f.
⁴) Wib. ep. 346. Konrad III. an Eugen III. In qua (sc. curia) rite peragenda quoniam presentia et consilio dilecti nostri Har(twici) venerabilis Bremensis archiepiscopi carere non debemus nec volumus, paternitatis vestrae serenitatem attenta benevolentia rogamus, ut diem et terminum pro conservanda Bremensis aecclesiae dignitate sibi constitutum benigne illi remittatis, et causam ipsius usque ad nostrum adventum differatis, hac interposita ... constantia, ut in nostro adventu eadem causa in vestra presentia secundum tenorem veritatis et justitiae terminetur. — Es lässt sich gar nichts Anderes denken, worauf sich das pro conservanda dignitate beziehen könnte, als auf den Investiturstreit mit Heinrich d. L. — Die Antwort des Papstes ist ep. 349.

Kurz vor Weihnacht (1151) schlugen die Verbündeten los; aber Heinrich der Löwe erschien plötzlich in Braunschweig, der König, welcher schon bis zum Kloster Heiningen vorgeschritten war, verlor den Muth und nahm schleunigst seinen Rückzug. Allein in Sachsen tobte der Kampf noch fort. Dass sich Hartwich daran unmittelbar betheiligt hat, wie man nach den Würzburger Verabredungen wohl glauben möchte, dafür ist kein bestimmtes Zeugniss vorhanden. Wohl aber erfahren wir von einer grässlichen That, die während dessen seine Familie betraf: der nächtlichen Ermordung seiner Schwester Liutgardis und ihres Gemahls Hermann's von Winzenburg.[1]) Kurz vorher war auch seine Mutter Richardis gestorben[2]) und nunmehr war er der einzige Ueberlebende aus dem einst so weit ragenden Hause der Grafen von Stade.

Noch dauerte der Krieg zwischen Heinrich dem Löwen und Albrecht dem Bären fort, als ein grosser Umschwung der Dinge eintrat: Konrad III. starb (1152 Februar 15.), und Friedrich von Schwaben wurde zum König gewählt und gekrönt (März 9.)[3]) Für Bremen war dieser Thronwechsel aber wenig erspriesslich; denn hatte es unter Konrad dem Königthum an der materiellen Macht gefehlt, das Erzbisthum gegen die Uebergriffe des Sachsenherzogs zu schützen, so war es Friedrichs ausgesprochener Grundsatz, Heinrich dem Löwen im Norden Deutschlands freie Hand zu lassen. Hartwich sollte sich gleich auf dem ersten grossen Reichstage, den Friedrich zu Pfingsten (Mai 18.) in Merseburg versammelte, überzeugen, wie trüglich die Hoffnungen waren, die er auf den neuen König gesetzt hatte. Hartwich kam nach Merseburg,

---

[1]) Ann. Palid., Magdebg. a. 1152 (29. auf 30. Jan.)

[2]) Ann. Magdebg. a. 1151.

[3]) Für eine Betheiligung Hartwich's an der Wahl ist kein Anzeichen vorhanden, wenngleich Otto. Fris. gesta Fridr. lib. II. cap. 1. sagt: in oppido Franconfurde de tam immensa Transalpini regni latitudine universum, mirum dictu, principum robur . . . in unum corpus coadunari potuit. Und Wib. ep. 372 Friedrich I. an Eugen III. . . . universi principes regni . convenerunt. ep. 375. Wibald an Eugen III.: electus est cum summo universorum favore. Auch in den Urkunden, die Friedrich I. bei seiner Krönung in Aachen ausgestellt (Stumpf N. 3615—3620), findet sich Hartwich nirgends als Zeuge.

in seinem Geleite der Dänenkönig Svend und die Bischöfe Vicelin ¹)
und Emmehard. ²) Die Sache Svend's wurde, obgleich sich Heinrich
der Löwe für seinen Gegenkönig Knut verwandte, zu des ersteren
Gunsten geschlichtet, ³) aber der Versuch zu einer endlichen
günstigen Ordnung der slawischen Bisthümer missglückte wiederum.
Die Investitur Vicelins durch den Herzog als nicht geschehen
betrachtend, wollte Hartwich die Bischöfe jetzt durch den König
investiren lassen ⁴) und wie man gewiss annehmen darf, als
realen Gegenstand der Belehnung auch eine wirkliche Ausstattung der Bisthümer mit Reichsgütern erwirken; denn Heinrich
der Löwe hatte sein vor 1½ Jahren gegebenes Versprechen
immer noch nicht eingelöst, und Vicelin wurde durch die
äusserste Dürftigkeit an jedem Erfolge gehindert. Gleichzeitig sollte, wie ich vermuthen zu müssen glaube,⁵) auch für
Ratzeburg ein Bischof investirt werden; denn für diesen bis dahin
noch unbesetzten Stuhl hatte Hartwich in dem ihm befreundeten
Evermod, Propst des Magdeburger Marienklosters, die geeignete
Persönlichkeit gefunden. Es zeigte sich aber bald, wie wenig der
König geneigt war, Heinrich dem Löwen hemmend in den Weg
zu treten, und im Hinblick auf den thatsächlichen Zustand sagt
nicht mit Unrecht Helmold bei dieser Gelegenheit: in diesem
Lande gilt allein der Wille des Herzogs.⁶) Darum war Vicelin
aus Furcht, den Zorn des Herzogs herauszufordern, auf keine
Weise zur Erfüllung von Hartwich's Wunsch zu bewegen. Die
Investitur Emmehard's und Evermod's kam in Folge dessen ebenso
wenig zu Stande. Emmehard scheint gar nicht mehr in seinen
Sprengel zurückgekehrt und bald darauf gestorben zu sein,⁷)

---

¹) Helm. c. 73. Porro archiepiscopus conduxit Suein regem, habens
inter multos religiosos et honestos viros domnum Vicelinum episcopum in
comitatu suo.
²) Zeuge 1152 Mai 18. Stumpf N. 3626.
³) Helm. c. 73. Otto Fris. gesta. Fridr. II. c. 5. Ann. Palid. 1152.
⁴) Helm. c. 73. Persuasit igitur archiepiscopus Vicelino episcopo, ut
investituram de manu regis perciperet, non fructum ecclesie, sed odium ducis
intentans.
⁵) Excurs IV.
⁶) In hac enim terra sola ducis auctoritas attenditur
⁷) Wigger, Berno der erste Bischof von Schwerin, Jahrbücher des Vereins für mecklenburg. Gesch. u. Alterthm. Jahrg. 38. p. 74.

Evermod aber trat im folgenden Jahr (wahrscheinlich 1153 Juli 13.) sein Amt an. Besser als seinem Aldenburger Collegen gelang es ihm, die Freundschaft des in seinem Lande waltenden Grafen zu erwerben: Heinrich von Botwide überliess ihm die Hälfte des Zehnten und 300 Hufen Landes. Zu derselben Vergünstigung liess sich auch für das Aldenburger Bisthum Adolph von Holstein bewegen.[1]) Aber von einer regelmässigen Organisirung der Bisthümer nach Art der übrigen in Deutschland, namentlich von einer Ausstattung mit den Regalien, war hier wie dort noch nicht die Rede.[2])

So währte zwischen dem Herzog und dem Erzbischof das Schweben und Schwanken der Entscheidung, durch die Dauer immer drückender, in alter Weise fort. Die wachsende Uebermacht des Einen lähmte den Andern in seinen nächsten Interessen bis zur völligen Ohnmacht. Vor Allem wurde die Lage der slawischen Bisthümer, ein recht- und machtloses Provisorium, stets unerträglicher. Der alternde, jetzt auch von Krankheit heimgesuchte Vicelin sah sein heiliges Werk in verderbliche Stockung gerathen; Emmehard wagte es überhaupt nicht, seinen Sprengel zu betreten; der Herzog und der Erzbischof haderten und trotzten sich in immer steigende Verbitterung hinein,[3]) und was das Schlimmste war, der letztere wurde dadurch dem Reich gegenüber in eine negative Haltung gedrängt. Während seine Genossen, die übrigen Kirchenfürsten, in umfangreichster Weise Friedrich's I. Helfer, ja oft Leiter, in seiner Regierung wurden, nimmt Hartwich gar keinen Antheil an den allgemeinen Reichsangelegenheiten, besucht sogar höchst selten die Reichstage: nach dem Merseburger von 1152 nur einmal, den Würzburger desselben Jahres,[4]) wo er mit den andern Fürsten Heerfolge zum bevorstehenden Römerzuge

---

[1]) Helm. c. 77.
[2]) Excurs IV.
[3]) Helm. 75. Nach dem Bericht über den Merseburger Reichstag und den Tod des Probstes Thetmar fährt er fort: Domnus enim archiepiscopus et dux, in quibus summa rerum in hac terra consistebat, prepedientibus simul odio et invidia, nullos Deo placitos fructus facere poterant. Certabat uterque, cujus esset terra, vel cujus esset potestas statuendi episcopos, caverantque diligentissime, ne quilibet eorum cederet alteri.
[4]) Zeuge 1152 Oct. 17 18. 20. Stumpf N. 3646. 3648. 3650.

schwor.¹) Selbst als der König im Jahre 1154 zweimal längere Zeit in Sachsen verweilte, wohl um unter den dortigen Fürsten die Rüstungen zur italienischen Heerfahrt zu betreiben, hielt sich Hartwich von Hoflager fern. Um so thätiger regte sich hier Heinrich der Löwe und führte mit Geschick die Waffe, welche ihm Hartwich durch das Zweideutige seiner trotzigen Zurückgezogenheit gegen sich selbst in die Hand gegeben hatte; der Erfolg war, dass der König ihm unerhörte Vorrechte in Bezug auf die slawischen Bisthümer in Aussicht stellte. Doch hiervon in anderem Zusammenhange. Aber auch Hartwich hatte nicht gefeiert. Mit den Gegnern des Herzogs hatte er die Fühlung nie verloren,²) und jetzt, wo des Königs Romfahrt Heinrich den Löwen mit einem beträchtlichen Theil seiner streitbaren Mannschaft aus dem Lande entfernte, jetzt schien der Tag der Rache gekommen. Alles, was bisher durch die allgewaltige Gegenwart des Welfen in ohnmächtigen Groll gebannt war, athmete jetzt auf, wie von einem Alp befreit. Kaum hatte Heinrich der Löwe mit dem König Sachsen verlassen (etwa August),³) so eilte Hartwich zu einer Versammlung in Halle, wo sich zusammenfand, was dem Herzog feind war (Mitte September). Es sind wieder dieselben Fürsten, welche vor drei Jahren mit König Konrad sich gegen Heinrich den Löwen verschworen hatten: unter den weltlichen vor Allen Albrecht der Bär und Konrad von Meissen, von den geistlichen die Bischöfe von Zeitz, Meissen, Merseburg, Wigger von Brandenburg, Ulrich von Halberstadt, wie es scheint auch Wichmann von Magdeburg, und als einer der Thätigsten Hartwich von Bremen.⁴) In Halle scheinen sie beschlossen zu haben, an der italienischen Heerfahrt nicht Theil zu nehmen; die Einen, indem sie mehr oder minder schickliche Ausflüchte vorbrachten, die Andern, indem sie, so auch Hartwich, es auf offenen Bruch ihrer Heerpflicht ankommen liessen. Mit offenem Vorgehen gegen den Herzog sollte

---

¹) Weiland, die Reichsheerfahrt. Forschungen zur deutschen Geschichte VII. p. 119.
²) So z. B. besuchte Hartwich 1153 April 12. Ulrich von Halberstadt, den erbitterten Feind Heinrich's. Hambg. U. B. Nr. 186 not. 2.
³) Excurs III.
⁴) Die Genannten sind Zeugen einer Urkunde Hartwich's an das Kloster Paulinzelle, Halle 1154 Sept. 19.

jedoch noch gewartet werden, bis man mit dessen Widersachern in Süddeutschland Verbindungen angeknüpft hätte. Hier hatten nämlich die Begünstigungen Heinrich's des Löwen durch den König nicht minder böses Blut gesetzt als in Sachsen; vor Allen des Königs Oheim Heinrich Jasomirgott, dem auf dem Goslarer Reichtag sein Herzogthum Baiern ab und Heinrich dem Löwen zugesprochen war, fühlte sich verletzt, und viele bairische Fürsten, der Rheinpfalzgraf und der Böhmenherzog theilten die Unzufriedenheit.¹) Aber noch ehe mit diesen etwas Bestimmtes vereinbart war, eröffnete schon mit ungeduldiger Hast Hartwich die Feindseligkeiten; er besetzte seine von Heinrich dem Löwen ihm entrissenen Erblande und brachte die Burgen Stade, Bremervörde, Freiburg und Harburg in Vertheidigungszustand.²) Nicht so schnell waren die anderen Verschworenen; es ward eine heimliche Zusammenkunft zwischen den sächsischen und bairischen Fürsten im Böhmerwalde angesagt, zu welcher sich auch Hartwich begab. Welche Unterhandlungen hier gepflogen sind, ist nicht bekannt, genug, die kriegerischen Unternehmungen liess man fallen, und Hartwich, von seinen Verbündeten im Stich gelassen,

---

¹) Otto Fris. gesta Fridr. II. c. 11 fügt an den Goslarer Reichstag und den Abzug nach Italien: Nec illustrem animum a tam illustri facto ex recenter prolata in tam magnum imperii principem sententia ex hinc obortum non parvum aliorum principum murmur revocare poterat. — Die im Text genannten Fürsten erwähnt Otto c. 27 als Hauptgegner der Verbindung Baierns mit Heinrich dem Löwen. Auch ist von ihnen kein Einziger als Theilnehmer der Romfahrt nachzuweisen.

²) Helm. c. 79 ille enim (H.) duci ab initio invisus, tunc vero amplius insidiabatur calcaneo ejus eo quod dux occupatus esset expeditione Italica, et communita sunt adversus eum castra episcopi Stathen, Verden, Horeborg, Friburg. Wie Stade, welches unzweifelhaft von Heinrich d. L. occupirt war, hier mit einem Mal castrum episcopi genannt werden kann, ist vollständig unbegreiflich; entweder ist die Nachricht überhaupt falsch, oder Helmold nimmt castra episcopi in dem Sinn, dass die Burgen eigentlich von Rechtswegen Hartwich's Eigenthum waren. Noch grösser ist die Schwierigkeit bei Freiburg und Harburg; denn diese nennt (obgleich sie in der Grafschaft Stade lagen, folglich ebenfalls von Heinrich d. L. occupirt sein mussten) Helm. II. 8. zum zweiten Mal Burgen des Erzbischofs; allenfalls könnte man sich mit der Hypothese durchhelfen, dass Freiburg und Harburg von Alters bischöfliche Enclaven gewesen sind, was freilich an und für sich wenig Wahrscheinlichkeit für sich in Anspruch nehmen kann.

musste die ganze vernichtende Schwere seines hitzigen Vorgehens allein tragen. Es zeigte sich, dass der Arm des Welfen weit reichte und fürchterlich traf; denn als Hartwich aus dem Böhmerwalde wieder heimkehrte, fand er den Weg von den Herzoglichen gesperrt; nirgends konnte er ohne Gefahr seinen Sprengel betreten und musste flüchten; bei seinen Freunden in Ostsachsen hat er fast ein volles Jahr der Verbannung verlebt.[1]

Das war aber noch nicht die ganze Fülle des Unglücks; denn gleichzeitig führte in Italien der feindselige Welfe einen noch weit vernichtenderen Schlag. Nach dem alten Brauche der Kaiserfahrt schlug nämlich Friedrich I. auf der Poebene bei Roncalia sein Lager auf und liess einen Schild an den Pfahl schlagen und durch den Herold ausrufen, dass jeder Lehnsmann in der nächsten Nacht bei seinem Herrn den Wachdienst üben solle, jeder Herr hielt am nächsten Tage Lehngericht über seine Vasallen, und wer von ihnen ohne seinen Willen zu Haus geblieben war, wurde seiner Lehen verlustig geurtheilt.[2] Hier musste nun auch über jene Fürsten Urtheil gesprochen werden, welche, eben ihren Anschlag gegen Heinrich den Löwen bereitend, ihrem Eide zuwider die Heerfahrt versäumten. Es vereinigte sich gegen sie das Verlangen des Herzogs nach Rache und der feste Wille des Königs, die unter seinen Vorgängern eingerissene Missachtung gegen die Pflichten des Reichs nachdrücklich zu ahnden. Freilich allen Straffälligen ihre Lehen abzuurtheilen, dazu war deren Zahl und Macht zu gross, und überhaupt pflegten die Kaiser nur selten ihr theoretisches Recht der Amtsentsetzung in Anwendung zu bringen. Deshalb kehrte sich des Welfen voller Hass, da er einmal seine Feinde nicht alle verderben konnte,

---

[1] Helm. c. 79. In diebus illis orientalis Saxonie principes ac aliqui de Bawaria, conspirationis ut dicebatur gratia, condixere colloquium, evocatusque archiepiscopus occurrit eis in saltu Boemico. Quo postea reditu maturante, vetitus est a ducensibus redire in parrochiam suam, exclususque mansit toto pene anno in orientali Saxonia. — Unter dem saltus Boemicus ist schwerlich der heutige Böhmerwald, vielmehr das Erzgebirge zu verstehen; denn Helm. c. 88 sagt von den niederländischen Colonien an der Mittelelbe: civitates et oppida multa vaste usque ad saltum Boemicum possederunt Hollandri. Die niederländischen Colonisten sind aber an der Elbe südlich über die Markgrafschaft Meissen nie vorgedrungen.

[2] Otto, Fris. gesta. II. c. 12. Weiland, Reichsheerfahrt, p. 167 f.

gegen die schwächsten derselben, gegen Hartwich von Bremen und Ulrich von Halberstadt.¹) Gegen beide wurde — unter Reichsfürsten seit langer Zeit etwas Unerhörtes — eine förmliche Klage erhoben, und zwar wie es scheint, die zwiefache auf Felonie und Hochverrath.²) Sie wurden nach dem in dem

---

¹) Helm. c. 82. Inveterate enim inimicitie, que dudum fuerant inter eos (archiep. et dux), eo tempore invenerunt locum grassandi, eo quod archiepiscopus omisisset Italicam expeditionem transgressor juramenti etc.
²) Otto Fris. gesta II., cap. 12, nachdem er das gebräuchliche Verfahren auf den Roncalischen Feldern geschildert hat, | fährt fort: Hunc morem principe secuto, non solum laicorum feuda sed et quorundam episcoporum, id est Hartwici Bremensis et Oudalrici Halberstadensis, regalia personis tantum, quia nec personis sed ecclesiis perpetualiter a principibus tradita sunt, abjudicata fuere. — Helm. c. 82 eo quod archiepiscopus omisisset Italicam expeditionem, transgressor juramenti, essetque reus majestatis. Unde etiam legatus imperatoris veniens Bremam, occupavit omnes curtes episcopales et quecunque reperisset, addidit fisci juribus. Idem factum est Othelrico Halverstadensi episcopo. — Das von Otto v. Freising geschilderte Verfahren ist ein rein lehnrechtliches, die Klage gegen Hartwich muss auf Bruch des Lehnseides, auf Felonie gelautet haben; Helmold dagegen bezeichnet das Vergehen als reatus majestatis, also als ein Vergehen gegen landrechtliche, oder präciser ausgedrückt, staatsrechtliche Satzungen. Die Strafexecution bestand nach Helmold in der Einziehung der bischöflichen (Lehn-) Güter (Strafe nach Lehnrecht) und der Confiscation der sonstigen Habe (Strafe nach Landrecht). Diese beiden Berichte lassen sich ohne Widerspruch verbinden, und es scheint sich deutlich zu ergeben: Klage, Process und Execution sind doppelt, erstens lehnrechtlich, zweitens landrechtlich, augenscheinlich eine logische Consequenz der Doppelnatur der Heerfahrtsverpflichtung, welche erstens ist eine Verpflichtung gegen den König als Lehnsherrn und zweitens eine Verpflichtung gegen den König als Reichsoberhaupt. — Diese, für unseren speciellen Fall aus den Quellen anscheinend evident folgende Scheidung der lehn- und landrechtlichen Momente erregt aber einiges Bedenken, wenn man sich des allgemeinen Grundsatzes erinnert, dass dem mittelalterlichen Staatsrechte strenge logische Distinctionen und scharfe Abgrenzungen der verschiedenen Rechtssphären durchaus fremd sind. Mit voller Bestimmtheit wird man daher über den Process Hartwich's erst nach Vergleichung mit einer genügenden Zahl von Parallelfällen urtheilen dürfen, was freilich unmöglich ist, da Hartwich den einzigen bekannten Fall für reatus majestatis bei Heerversäumniss giebt (Dass der Process Heinrich's d. L. nicht unter diesen Gesichtspunkt fällt, hat gegen Weiland Waitz (Forschungen X p. 160 f.) nachgewiesen). Der Grund für diese Erscheinung ist aber nicht in der Lückenhaftigkeit der Quellen, sondern darin zu suchen, dass die Kaiser aus Opportunitätsgründen ihr strenges Strafrecht gegen die Fürsten äusserst selten in Wirkung treten liessen. —

Roncalischen Gerichte üblichen summarischen Verfahren ohne die sonst gebotenen vorhergehenden drei Ladungen sofort für schuldig befunden und gemäss der Doppelnatur ihres Vergehens nicht nur zum Verlust der Regalien, sondern auch zur Confiscation des Privatvermögens verurtheilt. Ein kaiserlicher Abgesandter kam im folgenden Jahre zur Execution des Urtheils nach Bremen und zog die zum persönlichen Unterhalt des Erzbischofs bestimmten Güter und dessen ganze sonstige Habe zum Besten des Fiscus ein; der andere Theil der Kirchengüter dagegen, welcher vom Capitel verwaltet wurde, blieb unbeschädigt; denn nicht auf die Kirche als solche, sondern auf ihre derzeitigen straffälligen Verwalter bezog sich in solchen Fällen die Strafe, sodass das Confiscirte, soweit es Kircheneigenthum war, dem Nachfolger restituirt werden musste.

Am 1. November 1155 erschien der triumphirende Herzog in der Residenzstadt des vertriebenen Erzbischofs. Er kam eben vom Regensburger Reichstag (1155 October), wo ihm das Herzogthum Baiern feierlich übergeben war, die Grossen ihm gehuldigt, die Bürger von Regensburg, der Landeshauptstadt, durch Eid und Bürgen ihre Abhängigkeit anerkannt hatten; er kam mit dem festen Entschluss, dass diese Herrschaftsfülle ihm auch hier in Sachsen gelingen, Bremen dasselbe werden sollte, was in Baiern Regensburg war. Und es gelang ihm. Die materielle Macht besass er schon, und aus so verschiedenartigen Grundlagen sie auch entsprungen war, verstand er es, sie mit Erfolg auf sein fingirtes landesherzogliches Recht zurückzuführen. Vogtei, Zoll und Münze der Stadt Bremen waren bereits sein [1]); jetzt nahm er

Ueberhaupt ist die Frage, wieweit bei Anklage und Verurtheilung von Fürsten land- und lehnrechtliches Verfahren geschieden wurden, noch eine durchaus offene. Für die Scheidung hat sich kürzlich Ficker (Forschungen XI. pag. 301—319) erklärt; dagegen hält Waitz in einer Anmerkung zum Ficker'schen Aufsatz (p. 318) an seiner früher (Forschungen X. p. 160) ausgesprochenen Ansicht fest, „dass das Lehnrecht in die staatlichen Verhältnisse eindrang, sie beherrschte, ohne doch natürlich ganz neue Grundlagen oder auch nur Formen zu schaffen," „dass eine Verbindung lehn- und staatsrechtlicher Elemente statthatte, die wir nicht aufzulösen vermögen."

[1]) Die Vogtei hatte Lothar von Supplinburg 1089 erworben. (Hamb. U. B. Nr. 117) Der Besitz von Zoll und Münze ergiebt sich aus der Verzichtleistung des Pfalzgrafen Heinrich von 1219: cessit ab omni jure, quod sibi dicebat in theloneo, moneta et advocatia Bremensi. (Hamb. U. B. Nr. 432.)

auch die eben confiscirten erzbischöflichen Güter in Besitz, sei
es nun, dass der Kaiser, von dem ihm zustehenden Rechte
Gebrauch machend ihn damit förmlich belehnt hatte,[1]) oder dass
er, was mir wahrscheinlich vorkommt, sie einfach usurpirte;[2])
endlich liess er sogar, wie es allen Anschein hat, die Bürger
Bremens sich einen ähnlichen Huldigungseid als oberstem Landes-
herrn schwören, wie ihn eben die Regensburger geleistet hatten.[3])
Das ganze Erzbisthum lag ihm widerstandslos zu Füssen und er
schaltete darin völlig als Landesherzog. Eine Anzahl Rustringer
Friesen, die nach Bremen auf den Markt kamen, nahm er, da
sie seine Feinde waren, ohne Weiteres gefangen.[4]) Und nicht
leicht lastete die Hand des Herzogs auf dem Lande; die ganze
erzbischöfliche Verwaltung und Gerichtsbarkeit scheint er an sich
gerissen zu haben[5]) und von einem gewissen Boyo, dem Oberbeamten der von Hartwich angelegten niederländischen Colonien,
erfahren wir, dass er vom Herzog verfolgt worden ist;[6]) Albert
von Stade redet vom „Joch des Herzogs" und dem entspricht
der spätere Aufruhr der Bremer Bürger.

Die eben erzählten Vergewaltigungen trafen den Erzbischof nur
in seiner reichs- und landesfürstlichen Stellung; der Herzog ging
aber noch weiter und griff mit seiner Willkür auch in das rein
kirchliche Gebiet. Der Anlass dazu war der alte Streit über die
slawischen Bisthümer. Allmählig hatte sich in Heinrich dem

---

[1]) Vergl. Weiland, Reichsheerfahrt p. 168.
[2]) Alb. Stad. a. 1155. Nam archiepiscopus et dux minus sibi faventes
erant ad invicem, quia dux, bona episcopalia ad libitum occupans. ..
[3]) Weiland, das sächsische Herzogthum p. 117 f. schliesst das mit Recht
aus Alb. Stad. 1161 und Helm. II. 7 und 8.
[4]) Helm. I. 82. Ille enim (dux) offensus Frisonibus, qui dicuntur Rustri,
venit Bremam in Calendis Novembris, et fecit comprehendi quotquot ad forum
venerant, et substantias eorum diripi.
[5]) Das deutet der prohibitive Ton an, in welchem Hartwich sich nach
seiner Wiederversöhnung mit dem Kaiser von diesem privilegiren lässt: Nemo-
que inibi aliam sibi vendicet potestatem, nisi prefati pontificatus archiepiscopus
et quem ipse ad hoc delegaverit. Non dux nulla secularis potestas ...
aliquam legem vel bannum vel justiciam exerceat, nisi advocati ipsius archiepiscopi, quod ipse velit et constituat (Hambg. U. B. Nr. 211).
[6]) Friedrich I. urkundet: Pro ejus (archiep.) dilectione Bovonem in
gratia ducis pleniter restituemus et quamdiu vivet, ipsum ad omnia sibi
pertinentia sub nostro imperiali tutela conservabimus. (H. U. B. N. 213.)

Löwen der Wunsch ausgebildet, nicht nur die Investitur, sondern auch die Besetzung derselben von sich aus auszuüben. Aehnlich wie er im Stammesherzogthum das Erzeugniss einer bereits abgelaufenen Entwicklungsperiode wachrief, so suchte er auch auf die Bisthümer seines Landes denselben Einfluss zu erwerben, durch welchen einst die Ottonen und Salier die Besetzung der hohen Kirchenämter des Reiches in ihrer Hand gehabt hatten. Mit mehreren dahin zielenden Forderungen trat er hervor, als Friedrich I. im Sommer 1154 längere Zeit in Sachsen verweilte. Einerseits war, wie oben auseinandergesetzt, das Verhältniss zwischen dem König und Hartwich damals schon ein wenig freundliches, andererseits war der König in der Lage, sich den guten Willen des Sachsenherzogs, auf dessen Beihülfe der bevorstehende Römerzug hauptsächlich gegründet war, auf jede Weise erhalten zu müssen. Obgleich es nun Friedrich I. nicht entgehen konnte, dass die Spitze von des Herzogs Verlangen sich mindestens eben so sehr gegen die Rechte des Königthums wie gegen die der Kirche richtete, so durfte er doch am Wenigsten in diesem Augenblick den unbequemen Dränger unbefriedigt von sich lassen. So wurden Heinrich des Löwen Forderungen in Urkundenform, jedoch vorläufig nur als Entwurf schriftlich aufgezeichnet, wie folgt: Er, der König verleihe seinem geliebten Heinrich Herzog von Sachsen im Lande jenseits der Elbe, welches derselbe von seiner Gnade zu Lehen habe, Bisthümer und Kirchen zur Verbreitung des Namens Christi zu gründen, zu pflegen und zu bauen, ferner die freie Machtvollkommenheit, jene Kirchen mit Gütern des Reiches zu begaben nach seinem Belieben. Damit er diesem Geschäfte um so eifriger vorstände, überlasse er ihm, dem Herzog, und seinen Nachfolgern die Investitur der drei Bisthümer Aldenburg, Meklenburg und Ratzeburg, auf dass alle, die auf den bischöflichen Stuhl erhoben werden, aus seiner Hand, als wäre es des Königs, Alles empfangen sollten, was königlichen Rechtes ist. Auch sei hinzugefügt, dass der Herzog in den Bisthümern, welche er in Zukunft unter den Heiden etwa gründen werde, dieselbe Machtvollkommenheit ausüben solle. Es waren unerhörte Dinge, die der König hier concessionirte, und er hatte allen Grund, mit der Herausgabe der Urkunde zu zögern; wenn auch geflissentlich hervorgehoben war, dass der Herzog Alles nur als des Königs Gnadengeschenk und an des Königs Statt ausübe, so war thatsächlich durch eine solche Ausnahmstellung die Unterordnung der slawischen Provinzen unter das Reich fast gänzlich aufgehoben, es musste die Opposition der Bremer Kirche dadurch herausgefordert werden, ja selbst der Einspruch des Papstes, der diese Verletzung des Wormser Concordates und vor Allem, dass ein deutscher Herzog nach Belieben Bisthümer sollte gründen dürfen, was doch einzig und allein ihm, dem Papst, zustand, unmöglich dulden konnte. Der König liess das Actenstück also einstweilen noch in den Händen seines Kanzlers; dann kam die Heerfahrt nach Italien dazwischen; die Sache gerieth in Vergessenheit, und jene Urkunde blieb in ihrem unfertigen, rechtsungültigen Zustande, ein blosser Entwurf.[1]) Für Heinrich des Löwen Verhalten gegen die slavischen Bisthümer trug das Nichtzustandekommen des erbetenen königlichen Privilegs in Wirklichkeit keinen Unterschied aus; ungescheut schaltete und waltete er in ihnen wie in einer gänzlich abhängigen Landeskirche. Das wichtigste Beispiel davon ist die Einsetzung Gerolds auf den Oldenburger Bischofsstuhl durch den Herzog. Als ein zweiter Fall wird nach der herrschenden Ansicht genannt, dass Heinrich der Löwe das Bisthum Ratzeburg gegründet und den Bischof Evermod dahin berufen haben soll. Ich halte jedoch daran fest, dass Evermod, wie oben (p. 82) erzählt, schon 1153 und vom Erzbischof Hartwich berufen und geweiht ist.[2])

In Aldenburg war Vicelin den 12. December 1154 endlich seinen Leiden erlegen.[3]) Auf die Nachricht hiervon beauftragte Heinrich der Löwe, der damals in Italien beim König war, seine Gemahlin Clementia, seinen Capellan Gerold, einen Schwaben von Geburt, auf den erledigten Bischofsstuhl einzusetzen. Die Herzogin fürchtete sich aber, die Gehässigkeit einer solchen Vergewaltigung der Kirchengesetze allein auf sich zu laden und suchte den Propst Ludolf von Segeberg für ihren Candidaten zu gewinnen; Ludolf liess sich überreden und bewog den Clerus und das Volk in Wagrien den vom gefürchteten Herzog ernannten Gerold anzu-

---
[1]) Die Begründung im Excurs III.
[2]) Die Begründung im Excurs IV.
[3], Helm. c. 78.

erkennen, um so mehr, als der Erzbischof damals fern in der Verbannung lebte.¹) Aber auch Hartwich traf seine Massregeln. Vom Unglück ungebrochen, war er entschlossen, seiner Amtswürde nichts zu vergeben. Als er daher die Kunde von Vicelin's Abscheiden und Gerold's Erhöhung erhielt, suchte er, den herzoglichen Candidaten ignorirend, unter den befreundeten ostsächsischen Geistlichen einen Nachfolger für den erledigten Sitz zu gewinnen. ²) Gerold, der ihn in Merseburg aufsuchte und um Ertheilung der Weihe bat, ward abgewiesen; denn die Wagrische Kirche sei unreif und unfertig, ohne selbstständige kirchliche Ordnung, ohne Capitel, fast ohne Geistliche, könne ohne seine, des Erzbischofs, Erlaubniss weder wählen, noch überhaupt etwas entscheiden; das Bremer Capitel solle die Sache ausmachen, wenn er zurückgekehrt sein werde. An der Entschlossenheit des Erzbischofs scheiterten alle Gegengründe, und so zog Gerold unter mancherlei Anfechtungen nach Italien zu seinem Herzog, um durch dessen Vermittlung sich vom Papste selbst weihen zu lassen. Hartwich war ihm aber zuvorgekommen und hatte den Papst brieflich um Wahrung seiner arg gekränkten Metropolitanrechte angerufen. Und wirklich gab Hadrian IV, als ihn Heinrich der Löwe um die Consecration seines Schützlings bat, eine abschlägige Antwort.³) Bald darauf aber, durch die Niederschlagung des Aufstandes, welcher am Tage von Friedrich's I. Kaiserkrönung in Rom ausbrach, nahm der Welfe eine so imponirende Stellung ein, dass selbst ein Hadrian IV. es für gerathen hielt, die Consequenz des hierarchischen Princips in diesem Falle fahren zu

---

¹) Helm. c. 79. In diesem Capitel ist Helmold's Darstellung entschieden gefärbt. Sein Zweck ist, die illegale Erhebung Gerold's, seines bischöflichen Herrn und Freundes, als rechtmässig erscheinen zu lassen. Unumwundener als Helmold fasst Alb. Stad. a. 1155 den ganzen Streit in die Worte zusammen: Hartwicus archiepiscopus ipsum (Geroldum) noluit consecrare, quia quasi per ducem et ducissam electus esset.

²) Helm. c. 79 fügt hinzu: magna quedam, sed supervacua de divitiis hujus episcopatus jactitans.

³) Helm. c. 80. Eo tempore accessit dux noster ad domnum papam, rogans eum pro consecratione Aldenburgensis electi; qui cum modestia recusavit, dicens, libenter se facere postulata, si posset fieri sine injuria metropolitani. Nam domnus Hammenburgensis papam litteris prevenerat, rogans eum abstinere huic consecrationi, que sibi verecunda foret.

lassen, am folgenden Tage (1155 Jan. 19.) weihte er Gerold mit eigener Hand zum Bischof.¹) Jedoch wollte er diese dem Herzog gemachte Concession nur als eine vom Augenblick geheischte Klugheitsnöthigung, keineswegs aber als den zwischen jenem und dem Erzbischof schwebenden Streit in letzter Instanz entscheidend betrachtet wissen. In diesem Sinne entschuldigte er sich in einem Brief an Hartwich und versicherte ihm, dass dieses sein einmaliges Eingreifen keine präjudicielle Bedeutung haben und die Metropolitanhoheit Bremens über die slawischen Bisthümer für die Zukunft in Nichts schmälern solle.²) Durch das gleiche Verfahren wie in Wagrien, gab Herzog Heinrich auch dem Obotritenlande einen neuen Bischof. Bald nach Vicelin war gleichfalls Emmehard gestorben,³) und es mag wohl sein, dass auch für diesen von Hartwich schon ein Nachfolger ausersehen war; jedenfalls kam ihm der Herzog zuvor und setzte auf den Meklenburger Bischofsstuhl einen Mönch aus Amelungsborn Namens Berno;⁴) derselbe ward ebenfalls von Papst Hadrian geweiht.⁵)

Unterdessen traf der vertriebene Erzbischof Anstalten, wieder in seine Kirche zurückzukehren. Leider lassen uns die Quellen hier fast gänzlich in Stich, und wir wissen nur soviel, dass Hartwich im October bereits in Stade war, wie es scheint, in seiner persönlichen Sicherheit unbehelligt; denn vollends jetzt, wo die kaiserliche Execution seine letzte Macht in Trümmer legte und der Herzog die Beute ruhig einheimste, schien der Unglückliche seinem triumphirenden Feinde zu elend und ohnmächtig, um ihn überhaupt noch zu beachten. Zu Stade suchte den Erzbischof Gerold auf, der sich in der verzweifeltsten Lage befand, von den Brüdern in Faldera verlassen, von der übrigen Geistlichkeit schlecht unterstützt, vom Herzog so vernachlässigt, dass er kaum

---

¹) Helm. c. 80.
²) Helm. c. 82. Hartwich sagt zu Gerold. Apostolica sedes potestate sua, cui certe obniti non possumus, usa est in consecratione vestri, que ad nos jure spectabat. Sed hui injurie cursus providit remedium, designando nobis per litteras, nihil in hoc facto auctoritati nostri de vestra subjectione subtractum.
³) Ann. Herbipolens. 1155 obierunt.... Emmehardus Magnopolitanus' episcopus etc
⁴) Helm. c. 87. Et posuit dux episcopum in terra Obotritorum domnum Bernonem, qui defuncto Emmehardo Magnopolitane presedit ecclesie.
⁵) Lisch, Mecklbg. Urk. III. N. I.

seinen Lebensunterhalt fristen konnte.¹) Hartwich weigerte ihm Anfangs Zutritt und Versöhnung, und erst als Gerold wiederholt volle Unterwürfigkeit gelobt hatte, nahm er ihn zu Freundschaft auf. Gerold versuchte nun, den Herzog gegen den Erzbischof versöhnlicher zu stimmen, aber ohne Erfolg.

Wie es scheint, ist Hartwich darauf auch in seinem Erzbisthum geblieben; aber er bedeutete darin Nichts, der Herzog Alles. Und dieser schattenhaften Existenz entspricht es, dass sein Leben zwei Jahre lang in das Dunkel gänzlicher Vergessenheit getaucht ist, dass kein Schriftsteller seiner erwähnt, keine Urkunde irgend welche Thätigkeit bezeugt. Den Charakter dieses Zeitraums in Hartwich's Leben können wir kaum treffender bezeichnen, als mit den Worten Alberts von Stade: nicht höher achtete der Herzog den Erzbischof, als einen Capellan.²)

V.

Das Jahr 1158 theilt die Regierung Hartwich's in zwei gleiche Hälften, gleich nicht nur nach der Zeitdauer, sondern auch merkwürdig übereinstimmend in ihrem Inhalte. Das zweite Decennium wiederholt, sogar in der Reihenfolge sich gleichbleibend, im Wesentlichen die Ereignisse des ersten. Es beginnt wieder mit den Plänen gegen die nordische Kirche, dann deren Scheitern, dann Verhältnisse zur slawischen Kirche, in deren Folge ein neuer Conflict mit Heinrich dem Löwen ausbricht, dann offener Krieg gegen diesen, Verbindung mit den sächsischen Fürsten, Niederlage, Vertreibung, Verlust des ganzen Besitzes — und der schon einmal durchmessene Kreislauf ist wieder vollendet. Hartwich ist wieder das, womit er begann, ein hülfloser Flüchtling, der Alles verloren und verspielt hat. Der Betrachter dieses merkwürdigen Schauspiels fühlt sich fast zum Glauben versucht.

---

¹) Helm. c. 82. Denique ingressus episcopatum, non invenit stipendia, quibus vel ad unum mensem sustentari possit etc.

²) Alb. Stad. a. 1155. . dux bona episcopalia ad libitum occupans quasi pro cappellano archiepiscopum reputabat.

als seien die Verhältnisse, in welche Hartwich gestellt worden
war, von so eigenthümlich zwingender Natur gewesen, dass er
unter ihrer Gewalt mit einer gewissen Nothwendigkeit in die
verhängnissvolle Bahn gedrängt wurde, welche er nun schon zum
zweiten Mal bis zum Ende verfolgte.
Doch nun die Begebenheiten selbst.
Wir verliessen Hartwich im Zustande tiefster Demüthigung:
zwei Jahre sind so vergangen, und plötzlich steht er auf der
Höhe der kaiserlichen Gunst, im Frieden mit dem Herzog, in
wichtigen Reichsangelegenheiten eine Rolle spielend. Wie dieser
Umschlag zu Stande gekommen ist, darüber fehlt uns jede Nachricht, und er würde ganz unerklärt bleiben, wenn nicht die folgenden Ereignisse einige Rückschlüsse gestatteten. Wir erkennen,
dass der Veränderung in Hartwich's äusserer Glückslage eine
Veränderung in seinem Innern vorausgegangen ist; er hatte sich
entschlossen, von den bis dahin verfochtenen Entwürfen die eine
Hälfte freiwillig aufzugeben, um die andere retten zu können.
Mit Heinrich dem Löwen musste um jeden Preis Friede gemacht
werden, und wäre es um keinen geringeren, als das Zugeständniss von dessen wichtigsten Forderungen. Einen reichen Ersatz
dafür sollte die Wiedererwerbung von Scandinavien's Unterthänigkeit gewähren und dieses Ziel wurde auf mehrere Jahre hinaus
für Hartwich die Hauptsache, welcher sich die andern Rücksichten
alle unterordneten. Wie unglücklich diese Bestrebungen verliefen,
ist oben im Zusammenhange entwickelt worden, hier sei geschildert, wie sich während dessen Hartwich's Verhältniss zu Kaiser
und Reich und zum Sachsenherzog gestaltete.

Nachdem seit 1155 über Hartwich alle Nachrichten schwiegen, treffen wir ihn zuerst wieder im Herbst 1157, und zwar am
Hofe des Kaisers zu Halle (Aug. 3),[1]) ohne jedoch ermitteln zu
können, durch welche Schritte diese Annäherung vorbereitet
worden ist. Auf demselben Hoftage war auch Heinrich der Löwe
anwesend, und mit diesem scheinen die ersten Versöhnungsversuche hier eingeleitet zu sein: der vollständige Friede wurde erst
im nächsten Jahr vollzogen. Der Kaiser aber war bereits ganz

---

[1]) Stumpf, N. 3775.

von Hartwich gewonnen, und in welcher Weise er dessen Pläne gegen die nordische Kirche unterstützte, ist oben erzählt. Von nun an sehen wir den Erzbischof, im Gegensatz zu den früheren Jahren, überaus häufig in der Umgebung Friedrich's. Im Januar 1158 ist er auf dem Hoftage zu Goslar,[1] im März in Frankfurt und Kaiserswerth, wo Friedrich I. in fünf Urkunden alle der Hamburger Kirche von Karl dem Grossen bis auf die Gegenwart ertheilten Rechte, Besitzungen und Privilegien, echte und unechte, in umfassender Weise bestätigt, vermehrt und nach allen Seiten hin sichert.[2] Neue Vergünstigungen ergab der Augsburger Reichstag (Mitte August); hier wurde der Ausgleich mit Heinrich dem Löwen zu Ende geführt, die Herausgabe des vom Magdeburger Erzbischof occupirten Restes der Stadischen Erbgüter in der Elbgegend versprochen, die Streitigkeiten mit Verden, welche sich namentlich auf die Grenzen des Ratzeburger Bisthums bezogen, ausgetragen, ferner, eine unendlich schätzbare Gnade, Hartwich auf Lebzeiten von der Verpflichtung zur Reichsheerfahrt und von sonstigen Diensten und Lasten enthoben, und zum Schluss — das Alles steht in derselben Urkunde neben einander — fehlt nicht die Schenkung von 20 Fudern Bopparter und ebensoviel Mainzer Weines.[3]

Von seiner Exemption sofort Gebrauch machend, folgte Heinrich dem Kaiser jetzt nicht nach Italien, sondern kehrte nach Bremen zurück,[4] und erst im folgenden Sommer schloss er sich den auf den Hülferuf des Kaisers nachrückenden sächsischen Fürsten an[5]; ob er auch — wenn überhaupt, so jedenfalls freiwillig — das kriegerische Aufgebot seines Stiftes mit sich führte, ist mindestens zweifelhaft; fest steht, dass er an den folgenden italienischen Kriegen Friedrich's I. keinen Antheil hat; er fehlte sowohl in der Heerfahrt der deutschen Fürsten, welche 1161 über die Alpen ging, als auch in dem Aufgebot des Jahres

---

[1] Stumpf, Nr. 3792.
[2] Hamb. U. B. N. 208—213. Ueber die Fälschungen s. unten.
[3] Hamb. U. B. N. 213.
[4] Anfang 1159 in Bremen, Hamb. U. B. N. 219.
[5] 1159 Juli 20 treffen die Sachsen im Lager vor Crema ein. Aug. 1. ist Hartwich Zeuge eines kaiserlichen Diploms (Stumpf, Nr. 3861).

1162 und dem Römerzug von 1166. — In den kirchlichen Kämpfen dagegen hielt Hartwich fest zum Kaiser, in welcher Stellung wir ihn auf den Concilien von Pavia und St. Jean de Losne als eifrigen Victoriner bereits oben gesehen haben. Als aber schliesslich nicht mehr zweifelhaft war, dass er den eigentlichen Zweck dieser Parteinahme verfehlt hatte, zog er sich mehr und mehr vom Kaiser und dessen Kirchenpolitik zurück. Hierzu kam, dass die Mehrzahl seines Clerus, insbesondere alle drei Slawenbischöfe, entschieden Alexander III. zuneigten, und so hielt er sich, wenn auch eine offene Gegenerklärung vermeidend, der Reichsversammlung fern, welche zu Pfingsten 1165 nach Würzburg berufen war, um die alleinige Rechtmässigkeit des von Reinald aufgestellten Papstes Calixtus anzuerkennen.

Wir kehren zu den Begebenheiten des Jahres 1158 zurück und betrachten das Ergebniss derselben für die Stellung Hartwich's zu Heinrich dem Löwen. Da ist die Hauptsache, dass der Kaiser zwischen den Beiden einen förmlichen Friedensvergleich zu Stande brachte; der Kern desselben war aber, dass der Herzog das Investiturrecht in den slawischen Bisthümern anerkannt erhielt. Hartwich scheint sich zu dieser Resignation nicht leicht gefügt zu haben; denn obgleich Friedrich in Person den Vermittler machte, bedurfte es einer viermaligen Zusammenkunft mit Herzog Heinrich auf den Hoftagen zu Halle, Goslar, Kaiserswerth, Augsburg, bis sich die Parteien soweit geeinigt hatten, dass die Friedensurkunde ausgefertigt werden konnte (1158 Mitte Juni).[1]) Vermuthlich auf demselben Augsburger Reichstage erhielt nun Heinrich der Löwe auch vom Kaiser das von Hartwich zugestandene Investiturrecht in aller Form zugesichert: im Lande der Slawen nach Gutdünken Bisthümer zu gründen und zu bestätigen, die Bischöfe zu investiren und mit Gütern des Reichs zu begaben, kurz die vollständige Erfüllung dessen, was vor vier Jahren der Herzog gefordert und der Kaiser versprochen hatte.[2]) Und um das Privileg vollends zu sanctioniren, gab ihm sogar der Papst, so hat es ganz den Anschein, seine apostolische Be-

---

[1]) Hamb. U. B. N. 213.
[2]) S. Excurs III.

stätigung.¹) Gross muss das Aufsehen gewesen sein, welches diese den staats- und kirchenrechtlichen Begriffen der Zeit höchst zuwiderlaufende Bevorzugung des Welfen allenthalben erregte; denn während die zeitgenössischen sächsischen Geschichtsschreiber die wichtigsten Ereignisse in den slawischen Grenzländern, selbst die Gründung der drei Bisthümer, mit Stillschweigen übergehen, gewähren sie der Investiturverleihung in grosser Zahl einen Platz in ihren Aufzeichnungen. — So hatte der zehnjährige Investiturstreit sein Ende erreicht.

Am meisten hatte unter dem langen Zwiste die slawische Kirche gelitten, jetzt trug sie von dessen Schlichtung auch den meisten Vortheil davon. Von allen Seiten beeilte man sich, die Bisthümer aus ihrem verderblichen Provisorium in die festen Ordnungen des kirchlichen Organismus hinüberzuführen. Der Antheil, der dabei der Mutterkirche Hamburg in ihrem Erzbischof naturgemäss zukam, trat aber bei der Wendung, welche die Dinge genommen hatten, sehr in den Hintergrund vor dem unmittelbaren Eingreifen des Herzogs; dem Erzbischof fällt überall nur die Rolle zu, dem zu consentiren, was jener bestimmt, jetzt nicht mehr als widerrechtliche Usurpation, sondern aus gesetzeskräftiger Autorität.²) — Aus Augsburg kommend berief Hein-

---

¹) Ann. Hambg. a. 1149 . . . . negotium conversionis illius regionis tam a papa, quam a Romano principe tenuit. Sind die ann. Hambg. gleich nur eine späte Ableitung (v. Alb. Stad.), so haben sie doch urkundliches Material benutzt, und auch die innere Wahrscheinlichkeit spricht für den Bericht, denn einmal machte die Natur des Investiturprivilegs die päpstliche Bestätigung nothwendig, und dann trifft es gerade zu, dass auf dem Augsburger Reichstage päpstliche Gesandte erschienen, welche den Kaiser wegen der Besançoner Vorgänge versöhnen sollten, und zwar ausdrücklich unter Vermittlung Heinrich's des Löwen. Siehe den Brief des Papstes bei Otto Fris. gesta III. c. 22.

²) Heinrich der Löwe urkundet cooperante, adstante etc. archiepiscopo Mekbg. U. B. N. 65, U. B. des Bisthums Lübeck ed. Leverkus N. 3. 5. 6. Wie sehr in der Meinung der Folgezeit der Antheil Heinrich's in den Vordergrund trat, zeigen die ann. Hambg. a. 1149, welche schon von vorn herein auxilio ducis Hinrici magni Leonis die Bisthümer errichtet und Vicelin geweiht werden lassen. — Heinrich der Löwe selbst sagt in seiner Generalurkunde für die Bisthümer (Lübeck. U. B. N. 8) von 1170, ohne des Erzbischofs im Geringsten zu erwähnen: notum sit . . . . quod nos pro remedio

rich der Löwe noch zu Ende 1158 die geistlichen und weltlichen Herren der Slawenländer nach Lüneburg, um mit ihnen die endgültige Organisation des Kirchenwesens zu berathen. Hartwich liess sich durch den Propst und Decan von Hamburg vertreten; denn es mochte ihm wohl allzu bitter scheinen, den alten Gegner mit eigenen Augen im Genusse seines Triumpfes zu sehen. Zu einem abschliessenden Resultat kamen die Berathungen zunächst nur für das Ratzeburger Bisthum, dessen Rechte, Güter und Grenzen — die letzteren, lange gegen Verden strittig, wurden mit dem persönlich anwesenden Bischof Hermann regulirt — in eine vollständige Stiftungsurkunde zusammengefasst wurden.[1] Für Wagrien wurde der Bitte Gerold's zugestimmt, den Cathedralsitz von Aldenburg in das aufblühende Lübeck zu verlegen, für das Obotritenbisthum, dass es seinen Mittelpunkt nicht mehr in Mecklenburg, sondern in Schwerin haben solle.[2] Eine Unterbrechung trat ein, da bald darauf sowohl der Erzbischof als der Herzog nach Italien zogen und erst 1160, als sie in ihre Länder zurückkehrten, konnten sie weitere Schritte zur Kirchenorganisation thun, zumal da in demselben Jahr mit der Unterdrückung des Slawenaufstandes und dem Tode Niklot's der letzte Halt des Heidenthums niedergeworfen wurde. Jetzt wurden vom Herzog, ähnlich wie vorher in Ratzeburg, für Lübeck und Schwerin endgültig die Kirchengüter bezeichnet, Zehnten ausgeschrieben, Privilegien über sonstige Einkünfte und die Gerichte ertheilt;[3] dann liess er die drei Bischöfe zu sich kommen, vollzog an ihnen die

---

anime nostre et felicis memorie Lotarii imperatoris avi nostri etc. ... tres episcopatus in transalbina Sclavia ... instituimus.

[1] Mekbg. U. B. N. 65. Nach den Ausführungen von Masch u. Wigger a. a. O. p. 81—93 wird man die Echtheit dieser Urk. wohl nicht mehr ernstlich anfechten können.

[2] Wenngleich Helmold die Translation der Bischofssitze erst später berichtet, wie sie in der That auch erst später vollzogen worden ist, so muss der Beschluss doch schon in Lüneburg 1158 gefasst worden sein, da in der Ratzeburger Stiftungsurkunde Gerold und Berno hier zuerst als Lubicensis u. Zuerinensis unterzeichnen.

[3] Dahin bezügliche Stiftungsurkunden in Weise der Ratzeburger sind für Lübeck und Schwerin nicht mehr vorhanden. Eine genaue Aufzählung der Dotation giebt aber Helm. c. 87.

feierliche Investitur und empfing die Lehnshuldigung, „wie man
sie sonst," sagt Helmold, „dem Kaiser zu leisten pflegt." Nur
mit innerem Widerstreben fügten sich die Bischöfe in die drückende
Nothwendigkeit; denn dass ein Bischof eines Herzogs Lehnsmann
wurde, das erschien selbst einem Gerold und Berno, die doch
ganz und gar Geschöpfe von des Herzogs Gnade waren, und
während des Investiturstreites sich gegen ihren Oberherrn Hartwich auf die Seite Heinrich's geschlagen hatten, jetzt, da der
Streit im Sinne des letzteren entschieden war, als eine tiefe Demüthigung der Ehre und Würde der Kirche. — Nachdem so
Heinrich der Löwe die Besitzverhältnisse der Bisthümer gesichert
hatte, ordnete seinerseits Hartwich ihr Verhältniss zur Mutterkirche. In der betreffenden Urkunde heisst es: eingedenk der
hohen Verdienste seines verehrten Vorgängers Adalbert (I.), um
fortzusetzen, was dieser begonnen, habe er, Hartwich, kraft seiner
Autorität als Legat des römischen Stuhles die Hamburger Kirche
mit drei Suffraganbisthümern, Ratzeburg, Lübeck und Schwerin
geziert, nachdem ein Theil des Slawenlandes durch den Beistand
des Herzogs Heinrich bezwungen war; er setze fest, dass die genannten neuen Kirchen fortan der Hamburger als ihrer Mutterkirche unterthan sein sollen, und zwar so, dass die Hamburger
Kirche jährlich einmal eine Provinzialsynode über die nordelbischen Eingepfarrten, dagegen Bremen bloss über die südelbischen
abzuhalten habe.[1] Eine Bestätigung dieser Verordnung erliess
dann seinerseits Heinrich der Löwe.[2] — Mit den Acten des
Jahres 1160 ist die Gründung der slawischen Bisthümer als vollendet zu betrachten.

Die Eintracht zwischen dem Erzbischof und dem Herzog
dauerte in den nächsten Jahren unerschüttert fort und trug die
gedeihlichste Frucht für das ganze Land, besonders aber für den
weiteren Ausbau der slawischen Kirchen. Im Ratzeburger Sprengel
wurden die Grenzen einer neuen Regulirung unterzogen,[3] in

---

[1] Hambg. U. B. N. 220. d. d. Hamburg 1160.
[2] Die ann. Hambg. a. 1149 versichern: dux H. hos tres episcopatus...
Hamburgensi ecclesiae suo privilegio assignavit, et hoc privilegium est in ecclesia Hamburgensi.
[3] Hambg. U. B. N. 224, 225.

Lübeck das Domcapitel vollzählig gemacht.¹) die Pfründen bestätigt und vermehrt,²) der Bau der Domkirche begonnen. Im Juli 1163 hatten Hartwich und Heinrich in Stade eine Zusammenkunft, und hier erschien Bischof Gerold, der eben von einem schweren Krankenlager erstanden war, und lud seine beiden Oberherren zur Einweihung der eben vollendeten Kathedrale nach Lübeck.³) Auf der Reise weihte Hartwich die neue Kirche in Neumünster und beschenkte das Stift,⁴) genoss in Segeberg die Gastfreundschaft des Grafen Adolf und wurde in Lübeck vom Herzog und der Geistlichkeit in festlicher Procession eingeholt; dann celebrirte er die Weihe des Domes mit allem glänzenden Gepränge und Ceremonienpomp, mit welchem die Kirche auf Sinne und Gemüth der neubekehrten Heiden zu wirken liebte. Eine Reihe von Spenden des Herzogs, des Grafen und des Bischofs verherrlichten die Feier, und nur Hartwich schlug die Bitten ab, Neumünster, welches sich nach dem Tode Vicelin's vom wagrischen Bisthum losgesagt hatte, wieder an Lübeck zu schenken.⁵)

Kaum einen Monat später (1163 Aug. 13) erlag Bischof Gerold seinen Leiden, und mit ihm sank eine wesentliche Stütze des guten Einvernehmens zwischen dem Herzog und dem Erzbischof. Schon gleich die Wahl seines Nachfolgers legte den Keim zu neuen Irrungen. Da bei Gerold's Tode Heinrich der Löwe abwesend war, wagte man es nicht, den erledigten Bischofsstuhl durch eine selbstständige Neuwahl wieder zu besetzen; deshalb

---

¹) Helm. c. 89.

²) U. B. des Bisth. Lübeck N. 3—6.

³) Nicht der heutige Dom, welcher erst 1170 begonnen ist, sondern ein hölzernes Gebäude. Ann. Palid u. Mgdbg. a. 1163. Heinricus dux in Liubeke congregationem clericorum instituit; ecclesiam inibi ex ligno factam in honorem sanctae Mariae sanctique Nicolai aedificari fecit.

⁴) Helm. 93. Die Urkunde ist aus dem folgenden Jahr 1164. Hambg. U. B. N. 230. Die Nachricht Helmolds, dass bei dieser Gelegenheit Hartwich den Namen des Klosters aus Faldera oder Wippenthorp in Neumünster umgetauft habe, ist irrthümlich, denn schon 1142 u. 1148 (N. 166. 169) findet sich urkundlich Novum monasterium.

⁵) Helm. c. 93.

blieb er sechs Monate lang leer stehen,¹) und als es dem Herzog
endlich gefiel, an diese Angelegenheit zu denken, da schickte er
den Lübeckern als Bischof einen seiner braunschweigischen Aebte,
Konrad von Reddagshausen, ohne den Erzbischof und das Capitel
zu Rathe gezogen zu haben, ohne das unter der Geistlichkeit
laut werdende Missbehagen an der Person Konrad's zu beachten.²)
Die Bethätigung so rücksichtsloser Selbstherrschaftsgelüste musste
tief verletzen, zumal den Erzbischof; denn was sich Heinrich eben
erlaubt hatte, war ein Uebergriff, weit hinaus über die Zuge-
ständnisse von 1158; „aber," sagt Helmold, „der Wille des Herzogs, dem zu widerstreben furchterregend war, galt doch mehr."
Ohne Widerspruch ertheilte Hartwich dem Konrad von Reddagshausen die Bischofsweihe (1164 Febr. 16).

Ueberhaupt tritt in diesen Jahren in Hartwich's Wesen eine
unverkennbare Wandlung ein. Die Häufung des Missgeschicks
begann ihn niederzudrücken: noch empfand er die ganze Schärfe
der vom Herzog erlittenen Niederlage, als dieser ihm schon eine
neue Demüthigung bereitete; im selben Augenblick brach eine
schwere Landescalamität herein, eine furchtbare Fluth verheerte
Hartwich's blühende Schöpfungen in den Elb- und Wesercolonieen
(Febr. 16), und gleich darauf stürzte eine andere Lieblingshoff-
nung, die Wiedererwerbung Scandinaviens, unter einem letzten
entscheidenden Schlage zusammen.

Nach soviel Enttäuschungen und Widerwärtigkeiten war es
natürlich, dass sein alter hochstrebender Muth, seine frische Acti-
vität erlahmte, und dass er sich von dem Getriebe der Aussenwelt
mehr und mehr abwandte. Er begann jezt ausschliesslich seinem
kirchlichen Berufe zu leben; wir erfahren von der Weihe des
Marienklosters in Stade,³) von der Errichtung eines Kanoniker-
stiftes bei Kuden im Ditmarschen⁴) und von sonstigen Kirchen-
bauten,⁵) dann von Verordnungen über innere Rechtsverhältnisse.

¹) Helm. c. 94.
²) Helm. II, c. 1.
³) Alb. Stad. a. 1166.
⁴) Hambg. U. B. N. 233.
⁵) Helm. c. 8. et sedit Hammemburg solitarius et quietus, structuris clau-
stralibus et ceteris ecclesie sue commodis intentus.

wie z. B. über das testamentarische Verfügungsrecht der Bremischen Domcapitulare über ihre Habe, sowohl liegende als fahrende,[1]) und dergleichen mehr. — Mitten in dieses nach Innen gekehrte, stille und doch regsame Leben hinein trat an Hartwich's kaum erst und gewiss nicht ohne schmerzliche Entsagungskämpfe beschwichtigten Ehrgeiz eine neue Versuchung heran. Es begann nämlich die tiefe Missstimmung, welche Heinrich der Löwe allenthalben im ganzen nördlichen Deutschland gegen sich zu erregen gewusst hatte, immer bestimmter zu einem allgemeinen Bündniss heranzureifen, welches nichts Geringeres bezweckte, als den Sturz des Herzogs. Geistlichkeit, Adel und Fürsten ersehnten mit derselben Leidenschaft die Befreiung von der Alle gleich bedrückenden und beengenden Uebermacht, und vollends, als Reinald von Köln damals die eigentliche Seele der Reichspolitik, an die Spitze der Missvergnügten trat, war bald ganz Sachsen in einen festen Bund vereinigt.[2]) Einer der Wenigen, die sich der grossen Coalition fern hielten, war diesesmal Hartwich. Ohne Zweifel haben die Verschworenen — es waren meist seine Genossen aus den Kämpfen von 1151 und 1155 — Alles versucht, um Hartwich zum Anschluss zu bewegen; denn noch viel mehr als seine Macht war ihnen die strategische Bedeutung des Erzbisthums wichtig, dessen Lage es vorzüglich geschickt machte, den Herzog von seinen nordelbischen Ländern abzuschneiden. Ehe Hartwich zu dem Endentschlusse kam, jeden Antheil abzulehnen, scheinen vielfache Verhandlungen vorausgegangen zu sein; ein Streiflicht wirft auf die im Uebrigen dunkele Angelegenheit Hartwich's Besuch in Hildesheim beim Bischof Hermann, einem der thätigsten Feinde Heinrich's des

---

[1]) Hamb. U. B. N. 232.
[2]) Eingehend behandelt bei Heinemann, Albrecht der Bär p. 246 bis 265, Prutz, Heinrich der Löwe, 226—252. Philippson, Heinrich der Löwe, 114—131, jedoch die beiden letztgenannten nicht frei von Irrthümern. Vergl. auch Fechner, Wichmann von Magdeburg, p. 474—77 und Ficker, Reinald von Dassel, §. 45. — Die wichtigste Quelle ist auch hier Helmold II. c. 7. u. 8., die sächsischen Annalisten haben hauptsächlich locale Nachrichten. Für den Norden giebt Alb. Stad. wichtige Ergänzungen zu Helmold.

Löwen.¹) — Unterdessen war, gleich nach dem Abzuge des Kaisers nach Italien, in Ostsachsen die Kriegsfahne enthüllt (1166 Dec. 20); nach einer kurzen Waffenruhe brach der Sturm nach Ostern wieder los. Während die ostsächsischen und thüringischen Fürsten in's Braunschweigische eindrangen und die Verbindung mit Hildesheim herstellten, machte im Nordwesten Graf Christian von Oldenburg einen Vorstoss, zerstörte das Schloss Weihe nahe der Weser und besetzte Bremen. Jetzt erhob sich auch hier der Aufstand; denn schon lange sehnte man sich, die drückende Herrschaft des Herzogs abzuschütteln, und mit offenen Armen empfingen die Bürger den Grafen Christian als ihren Befreier.²) Von allen Seiten waren die Mannen des Herzogs geworfen, er selbst in äusserster Bedrängniss — trat jetzt noch das Bremische Erzbisthum bei, so war der umzingelnde Kreis geschlossen, Heinrich der Löwe völlig erdrückt. Aber Hartwich beharrte fort und fort bei seiner zuwartenden Neutralität; umsonst bestürmten ihn alle Fürsten, selbst aus Italien her Erzbischof Reinald — er rührte sich nicht aus seiner stillen Zurückgezogenheit in Hamburg. Dadurch hatte der Herzog Zeit gewonnen, seine Streitkräfte zu sammeln, er verheerte die feindlichen Gebiete von Magdeburg bis Hildesheim und wandte sich dann gegen Bremen. Hier besetzten Graf Christian und die Bremer mit grosser Macht das Flüsschen Gethe im Osten der Stadt; vier Tage lang lag ihnen Heinrich unthätig gegenüber und zog dann, ohne den Kampf versucht zu haben, ab.³) Im Juni kehrte er aber mit einem starken Heere wieder, drängte den Grafen Christian in die friesischen Sümpfe und nahm Bremen ein. Ein furchtbares Strafgericht er-

---

¹) Eine genaue Datumsbestimmung ist leider unmöglich; wir haben bloss die Notiz des Chron. epp. Hildesheim. M. G. SS . . . . . . Gondershemensem ecclesiam   Hartwico venerabili Bremensis ecclesiae archiepiscopo multisque aliis episcopis cooperantibus solempniter dedicavit (Hermannus). Lüntzel, Geschichte von Hildesheim, II. p. 149, Leukfeld, antiqu. Gandersh. 234. Harenberg, dissert. Gandersh. dipl. III. p. 714 stimmen darin überein, dass die Kirchweihe 1166 oder 1167 stattgefunden hat.

²) Alb. Stad. 1167.

³) Alb. Stad. a. 1167. Es ist sehr charakteristisch für Helmold, dass er diesen, freilich nur zeitweiligen, Misserfolg des Herzogs verschweigt.

ging jetzt über die unglückliche Stadt, welche ihrem, einst dem Herzog geleisteten Eide untreu, dem Oldenburger zugeschworen hatte: sie wurde in die Acht erklärt und dem Heere zur Plünderung preisgegeben. Ein Theil der Bürger entkam in die Sümpfe, aber erst auf die Fürsprache ihres Erzbischofs gelang es ihnen, mit einer Busse von über 1000 Mark die Lösung von der Acht zu erkaufen.[1]

Hartwich war in die misslichste Enge gezwängt. Seit der allgemeinen Erhebung gegen den Herzog war er in einen unlöslichen Zwiespalt mit sich selbst gerathen: hier die vielfache Erfahrung von der Macht und dem unfehlbaren Kriegsglück des Herzogs Heinrich und der Rücksichtslosigkeit, mit welcher derselbe stets seine Erfolge ausbeutete; dort die oft erprobte Unzuverlässigkeit und Selbstsucht der Fürsten, deren treulose Versprechungen schon einmal sein Verderben gewesen waren, Alles Erinnerungen, die ihn nur zum Festhalten der in den letzten Jahren eingenommenen Stellung, abseits aller politischen Händel, überreden konnten. Als aber wieder der Waffenlärm an sein Ohr klang, da erwachte der alte Groll, da fingen die kaum vernarbten Wunden, welche ihm der feindselige Welfe geschlagen, zu brennen an, da trat ihm all die erlittene Schmach und Unbill, laut und lauter nach Rache rufend, vor die Seele; dazu das Drängen der Fürsten, seiner alten Waffengenossen, die Briefe des beredten Reinald, welcher ihm vorhielt, die verlorene Macht und Ehre des Erzbisthums werde hergestellt, sein väterliches Erbe Stade und die entrissene Grafschaft wiedergewonnen werden, wenn er nur den Fürsten die Hand reichen wollte.[2]

Zu den Einwirkungen aus der Ferne gesellten sich, auf dasselbe Ziel gerichtet, die noch wirksameren persönlichen des Bischofs Konrad von Lübeck. Dieser, ein unruhiger und herrischer Cha-

---

[1] Helm. II. c. 8.
[2] Helm. II. c. 8, welchem ich im Obigen theilweise wörtlich gefolgt bin, legt den damaligen Seelenzustand Hartwich's so psychologisch richtig und zugleich so ausführlich auseinander, dass ich glauben möchte, es seien die autentischen Aeusserungen Hartwich's im Gespräche mit dem damals in Hamburg verweilenden Konrad v. Lübeck, welcher letztere sie dann unserem Autor wiedererzählt hat.

rakter, hatte sich im Bestreben, seine Freiheit zu wahren, mit dem Herzog überworfen, opponirte, wo er konnte, und vermied es die Investitur einzuholen.[1]) Desto enger schloss er sich an Hartwich als an das natürliche Gegengewicht und, lebhaft und redegewandt, wie er geschildert wird, wurde es ihm nicht schwer, auf jenen einen stets wachsenden Einfluss zu gewinnen. Jetzt war er ganz an den erzbischöflichen Hof nach Hamburg übergesiedelt und mit täglichen Ueberredungen stachelte er den Zögernden an, dem Aufstande der Fürsten beizutreten. Durch seine rastlose Eindringlichkeit brachte er es wenigstens soweit, dass Hartwich seine Burgen Harburg und Freiburg im Stillen mit Waffen und Vorräthen auf Jahr und Tag ausrüsten liess.

Oeffentlich aber befliss man sich noch vollster Friedfertigkeit. Mehrmals besuchte Hartwich den Herzog, um mit ihm zu verhandeln; in Lüneburg trafen sie gemeinsam Anordnungen über die Grenzen von Ratzeburg, in Stade suchte er den Bischof Konrad von der Anklage auf feindliche Machinationen zu reinigen; Heinrich dem Löwen aber war die wirkliche Sachlage deutlich genug, und mit Entschiedenheit forderte er von Konrad die Wahl, entweder sofort die schuldige Lehnshuldigung zu leisten, oder seines Amtes verlustig zu gehen. Der Bischof aber erwiderte: um einen so geringen Preis, wie das Einkommen seiner Kirche, werde er nie und nimmer seine Freiheit aufgeben oder sich der Gewalt irgend Jemandes unterwerfen, und blieb bis zu Ende bei diesem Bescheid.

Sogleich liess der Herzog ihm von allen Seiten den Zutritt in seinem Sprengel versperren und die bischöflichen Einkünfte confisciren; auch in der Freiheit seiner Person glaubte sich Konrad nicht mehr sicher und floh auf Hartwich's Rath zum Erzbischof von Magdeburg. „In wenigen Tagen," sagte ihm Hartwich beim Abschiede, „werde ich Euch flüchtig dem Flüchtigen, folgen." Und in der That hatte er sich bereits zu tief verwickelt, um sich vom Herzog längerer Schonung versehen zu können; er liess die Maske fallen und eilte in das Lager der Verbündeten. Zugleich begannen die Besatzungen von Harburg

---

[1]) Helm. II. c. 1.

und Freiburg in häufigen Ausfällen die Güter des Herzogs mit Brand und Plünderung zu überziehen. Aber nicht allzu lange vermochten die erzbischöflichen Vasallen der gegnerischen Uebermacht zu widerstehen, die offenen Güter wurden von Heinrich dem Löwen besetzt und alle Einkünfte bis auf die letzten eingezogen; Freiburg wurde genommen und dem Erdboden gleich gemacht; nur in Harburg, welches seine tiefen Sümpfe unnahbar machten, hielten sich die Erzbischöflichen bis zum Ausgange des Krieges.[1]

Für Hartwich brachte es, eben so wenig wie für einen Andern der Kämpfenden, nicht den geringsten Gewinn, dass mit dem Ende des Winters die Kriegsflamme wieder aufloderte. Der einzige Erfolg war eine grässliche Verwüstung des Sachsenlandes weit und breit; im Norden aber blieb der Herzog mächtiger denn je. Umsonst richtete der Kaiser an die Streitenden die wiederholte Ladung, sich einem Reichstage zu stellen; erst die wachsende allseitige Ermüdung vermochte die Parteien zu Peter Paul (1168, Juni 29) in Würzburg zu erscheinen. Hier verstanden sich die meisten Fürsten zunächst nur zu einem Waffenstillstande; bloss Hartwich, den es um jeden Preis nach Ruhe verlangte, machte schon jetzt den Frieden mit seinem Erbfeinde, dem Herzog.[2]

Ganz gebrochen, an Leib und Seele siech, kehrte er in sein Land zurück; ein verstärkter Krankheitsanfall ergriff ihn und in

---

[1] Helm. II, c. 9.
[2] Ann. Palid. a. 1168: (curiam indixit) tercio nihilominus in festo apostolorum Petri et Pauli, ubi pax firma inter principes facta est usque ad proximam curiam. Würzburg als Ort des Reichstages folgt aus Stumpf N. 4094, wo Friedrich I. d. d. Würzburg 1168 Juni 28 „in generali curia sua" urkundet. Zeugen sind die wichtigsten der hadernden sächsischen Fürsten; unter ihnen auch Hartwich und Heinrich der Löwe. — Helm. II. c. 11 und, wie ich glaube, nach ihm Alb. Stad. lassen Hartwich erst nach dem Bamberger Frieden zurückkehren; allerdings wurde in Bamberg der definitive Frieden geschlossen, aber erst im nächsten Jahr nach dem Tode Hartwichs. — Ganz unzulässig ist der von Philippson II. p. 123 n. 3 eingeschlagene Weg, welcher die Ann. Palid. mit Helm. und Alb. Stad. verbindend den Bamberger Reichstag auf 1168 Jan. 29 setzt, und auf Grund dessen die Datirung der Würzburger Urkunde für falsch erklärt.

wenigen Tagen war er verschieden. Erst der Tod gewährte ihm den Frieden, welchen das Leben grausam versagt hatte.

Hartwich's Tod[1]) hat das Schicksal Hamburg-Bremens auf viele Jahre hinaus entschieden. Bis an den Sturz Heinrich's des Löwen und die Zerschlagung des sächsischen Herzogthums ist das Erzstift thatsächlich nur eine gänzlich abhängige Unterabtheilung desselben gewesen.

VI.

Was wir bisher in Hartwich's Leben zu verzeichnen gehabt haben, waren grosse Pläne und kleine Erfolge, stolzeste Hoffnungen und unglückseligste Erfüllung, der Anfang eine Welt von Entwürfen, das Ende die unleugbare Thatsache, dass das Bremer Erzstift den Tiefstand seiner Macht erreicht habe. Und doch würden wir in der Würdigung des Mannes und seiner Bedeutung für Bremen gänzlich fehlgreifen, wollten wir ihn nur nach diesen Dingen beurtheilen. Die Ergänzung und Correction unseres Urtheils ergiebt sich, wenn wir nun auch Hartwich's innere Waltung in unsere Betrachtung ziehen; denn gerade auf dieser Seite liegt das wahrhaft Bedeutende, Gehaltvolle, in den Ergebnissen weit über seine Zeit Hinausragende.

Bei der schon mehrfach beobachteten Geistesrichtung Hartwich's, nach welcher er die fürstliche Seite seines Berufes gegen die priesterliche bei Weitem überwiegen zu lassen geneigt war, ist es sehr begreiflich, dass in seiner inneren Waltung, wenn man den modernen Ausdruck gelten lassen will, in der Volkswirthschaftspflege der Schwerpunkt liegt, dass wir dagegen von einem besonders regen Eingreifen in die inneren Zustände seiner

---

[1]) Ueber Hartwich's Todestag schwanken die Angaben zwischen October 11 und 12. Das Dyptichon Bremense (Vaterl. Archiv für Niedersachsen 1835) und das Stader Nekrolog (Hambg. U. B. N. 236) haben October 11, Necrolog. Luneburg. (Wedekind, Noten III.) October 12, Alb. Stad. a. 1168 octavo Nonas Octobris. Bezeichnend genug ist, dass von den gleichzeitigen Annalen keine einzige Hartwich's Tod verzeichnet.

Kirche wenig erfahren. Dass im Bremischen Kirchenwesen, namentlich in der Klosterdisciplin, damals Manches im Argen lag, davon erhalten wir gelegentlich wenig erfreuliche Einblicke. So wurde z. B. 1153 der Propst von Bücken abgesetzt, weil er sich zwei Concubinen gehalten hatte.[1]) Einen anderen Klosterscandal erfahren wir aus Wibald's Briefwechsel. Derselbe schreibt leidenschaftlich aufgebracht an den eben erwählten Erzbischof:[2]) Ado der ehrwürdige Abt von Rosenveld sei von seinen aufsässigen Mönchen vertrieben und jetzt regiere im Kloster wider alle kanonische Regel ein ungebildeter Laie. Dass der Abt einem unverschämten und geschwätzigen Mönch eine Ohrfeige gegeben habe, wolle er nicht gerade billigen; damit rechtfertige sich aber noch lange nicht der Aufruhr des Klosters. Habe doch auch der heilige Benedict einen widerspänstigen Mönch mit der Ruthe gezüchtigt. Er (Wibald) und fast alle Aebte Sachsens flehten ihn an, diesem gleich am Beginne seines Regimentes ausgebrochenen Scandal ein Ende zu machen, damit sich die Kirche Gottes seiner Weisheit und seines Adels freuen könne. Gemäss den Canones solle in der Sache eine Untersuchung angestellt werden. Er möchte doch diese wüthigen Mönche nach Corvey schicken, da wolle er ihnen zeigen, dass noch ein Prophet lebe in Israel. Der gnädige Gott, welcher ihm die Macht verliehen, möge ihm auch Erleuchtung schenken, auf dass er dem Unterdrückten Gerechtigkeit widerfahren lasse; sonst dürfte es wohl geschehen, dass dieser einen höhern Richter anrufen werde. — Diesen Brief erhielt Hartwich auf einer Synode, welche die sächsischen Aebte zur Abstellung mehrerer in die Klosterdisciplin eingeschlichener Schäden abhielten (1149.) An die daselbst anwesenden Anselm von Havelberg und Friedrich von St. Godehard in Hildesheim[3]) hatte Wibald ebenfalls die Bitte gerichtet, Ado's Sache bei Hartwich zu vertreten. Der Rosenvelder Klosterstreit ward der Versammlung vorgelegt, über das Resultat schreibt Hartwich an Wibald folgendermassen:[4]) Aus Eurem an schmuck-

---

[1]) Hamb. U. B. N. 203.
[2]) Wib. ep. N. 161.
[3]) Wib. ep. N. 159. N. 162.
[4]) Wib. ep. N. 219. Die chronologische Folge der obigen Briefe ist in Jaffés Ausgabe folgende:

vollen Worten und gewichtigen Sentenzen so reichen Briefe erfahren wir, dass man Euch angezeigt hat, der Abt von Rosenveld sei von seinen Untergebenen ohne Grund und ohne Recht seines Amtes gewaltsam beraubt und vertrieben worden; deshalb gebt Ihr uns recht vorsorglich an die Hand, denselben doch wieder in seine Würde einzusetzen. Die Gesetzesstellen, welche ihr dafür vorbringt, sind allerdings richtig, aber sie treffen die Sache in keiner Weise. In Gegenwart seines ganzen Kirchenconventes, sowie des Bischofs Anselm von Havelberg, der Aebte von Minden und Schinna und vieler änderer Aebte und Pröpste, fährt Hartwich fort, habe er seinen (W's.) Boten empfangen und in Gegenwart aller dieser sei erwiesen worden, dass der besagte Abt keine Gewalt erlitten habe. Er möge doch nicht eher urtheilen, als bis er beide Parteien gehört habe, und rhetorische Künste seien ein schlechter Anfang für Rechtssachen. Um jedoch seinen Bitten genug zu thun, habe er (H.) bereits den Tag anberaumt, an welchem die betreffende Sache in Gegenwart der Brüder jenes Ortes erledigt werden solle.

Eine andere Angelegenheit, derentwegen Hartwich von Wibald unermüdlich bestürmt wurde, war der ärgerliche Handel mit den Klostergütern von Kemnate. In diesem Frauenklosten hatte die Aebtissin Judith, eine Schwester der berüchtigten Grafen von Schwalenberg, auf's Ruchloseste gehaust und über hundert Hufen von den Klostergütern an ihre Buhlen und Helfershelfer verschleudert. Die Wiedererwerbung derselben

---

W. an Anselm 1149 c. Febr. N. 159.
W. an Hartwich. N. 161.
W. an Friedrich. N. 162.
Hartwich an W. 1149—50 N. 219.
Hiervon abweichend setzte ich den letzten Brief vor 1149 Febr. 13 aus folgenden Gründen: Anselm und Friedrich sollen bei Hartwich für Udo wirken; das soll (N. 162) auf einer Synode der sächsischen Aebte geschehen. Nun schreibt Hartwich an W., er habe dessen Brief in Gegenwart Anselm's und vieler Aebte empfangen. Offenbar ist das eben dieselbe Synode. Da aber Anselm und mit ihm höchst wahrscheinlich auch Hartwich den 13. Febr. ihre Reise nach Rom antreten (N. 158), so muss die Antwort Hartwich's (N. 219) vor dieses Datum fallen. Dafür spricht zweitens, dass Hartwich nur auf W's Brief N. 161 Bezug nimmt, nicht aber auf N. 163, welcher Brief bald nach jener Synode abgefasst ist.

war Wibald's eifrigste Sorge, seit Kemnate unter seine Oberaufsicht gestellt worden war.¹) Unter den Räubern befanden sich auch mehrere Bremische Eingepfarrte, und diese durch Ueberredung oder geistliche Strafen zur Rückgabe des Geraubten zu zwingen, wird Hartwich von Wibald und dem Papste immer und immer wieder ermahnt. Die Sache zieht sich durch mehrere Jahre hin und wir besitzen noch 7 Briefe, welche deshalb an Hartwich gerichtet worden sind.²) Sonst sind uns noch einige unbedeutende Verordnungen, aber kein einziges nennenswerthes Denkmal eines besonderen Antheils Hartwich's an den innern kirchlichen Dingen übrig geblieben.

Aber volle und doppelte Theilnahme, weil bei den Fürsten des Mittelalters nicht eben häufig, verdient es, dass Hartwich über der Begierde, sich und seine Kirche nach Aussen zu Glanz und Grösse zu erheben und über all den daraus entspringenden leidenschaftlichen Verwirrungen für seine Pflichten gegen das von ihm regierte Land mit nichten blind wurde und mit ungewöhnlichem Scharfblick, Geschick und Erfolg die wirthschaftliche Wohlfahrt der grossen Masse seiner Unterthanen förderte. Es war dieses ein stilles, anspruchsloses Wirken, von den Meisten so unbemerkt, dass keiner der zeitgenössischen Geschichtsschreiber es der Ueberlieferung werth gehalten hat; zum Glück sind doch mehrere urkundliche Denkmale auf uns gekommen, welche wenigstens einen, den wichtigsten, Theil von Hartwichs landesfürstlicher Waltung der Vergessenheit entreissen. Das ist die Anlage der sogenannten niederländischen Colonien.

Unsere Absicht kann hier nicht sein, den Ackerbau, die Architectur und insbesondere die Wasserbaukunst, die Ausbildung eines freien Bauernstandes, das Entstehen eines eigenthümlichen Rechtes, kurz den ganzen, so überaus wirksamen und tiefgreifenden Einfluss der niederländischen Colonien auf das gesammte Culturleben der norddeutschen Ebene in den Kreis dieser Betrachtung zu ziehen; denn über alle diese Verhältnisse ist eine

---

¹) Vergl. Chronogr. Corbej bei Jaffé, Biblioth. rer. Germ. I. p. 56 f. 60, und zahlreiche Briefe Arich Janssen, Wibald von Stablo und Corvey p. 88 f.
²) Wib. ep. 161. 163. 257. 259. 270. 271. 352.

fruchtbare Untersuchung nur möglich, wenn sie sich gleichmässig über die Gesammtheit des Colonisationsgebietes erstreckt.[1]) Ich beschränke mich vielmehr ausdrücklich blos darauf zu zeigen, welchen persönlichen Antheil an dem weit ausgedehnten Colonisationssysteme Hartwich gehabt hat.

Man muss unter den niederländischen Colonien nach Maassgabe ihres Zweckes zwei Arten unterscheiden: öconomische und politische. Von der ersteren Art sind alle die in von Alters deutschen Ländern angelegten mit der Absicht, die bisher unbebauten Moore und Brüche an den Flussniederungen durch die den Eingeborenen überlegene Technik der Niederländer der Cultur ganz neu zu gewinnen. Dem zweiten, dem politischen (übrigens mit dem ersten oft zusammentreffenden) Zwecke gehören dagegen alle die in den neu unterworfenen überelbischen Slawenländern gegründeten Ansiedelungen, deren Aufgabe ist, auf den Trümmern der alten slawischen Cultur eine neue germanische und christliche zu gründen. So lange blos der öconomische Gesichtspunkt der leitende war, blieben die Ansiedelungen wenig mehr als sporadische Experimente, an Zahl und Umfang nicht gar bedeutend. So die Bremer Colonie von 1106, die älteste uns bekannte, und die thüringischen bei Pforta, Erfurt und in der goldenen Aue, deren Anfänge in die dreissiger Jahre des 12. Jahrhunderts gehören. In ein neues Stadium des regsten und schwunghaftesten Betriebes tritt die Colonisation mit dem Jahre 1143. In dieser Zeit, wo gegen das Slawenthum in den

---

[1]) Es giebt über die niederländischen Colonien eine ziemlich ansehnliche Literatur, welche übrigens eine nochmalige Untersuchung des Gegenstandes keineswegs überflüssig gemacht hat. Den Arbeiten von Eelking (1770) und Hoche (1791) folgte 1815 die gekrönte Preisschrift von A. v. Wersebe, über die Niederländischen Colonien, welche im nördlichen Teutschland im 12. Jahrhundert gestiftet worden. 2. Thl., noch heute die gründlichste, wenn wohl nicht ganz vorurtheilsfreie Arbeit. Zum Theil in Opposition gegen Wersebe, widmet Langethal, Geschichte der teutschen Landwirthschaft, den Colonien einen längeren Abschnitt. (II. p. 74—190) Zuletzt hat den Gegenstand E. de Borchgrave in einem von der Brüssler Academie gekrönten Memoire (Tome 32) behandelt, wiewohl etwas flüchtig und unselbstständig. (Recensirt von Schumacher, Brm. Jahrbuch II. p. 199—245). Dazu mehrere Specialuntersuchungen für die einzelnen Länder.

norddeutschen Marken der schonungsloseste Vernichtungskrieg angegriffen ward, wo es galt, verödete Gebiete neu zu bevölkern oder die Reste der wendischen Einwohnerschaft durch Vermengung mit deutschen Ansiedelungen der Germanisirung zugänglich zu machen; jetzt ging unter den Fürsten der Marken wie ein Lauffeuer die Erkenntniss auf, welche eminent civilisatorische Kraft im Dienste der Germanisirung die Holländercolonien werden mussten. Im Gegensatz zu der früheren Periode, wo die Ansiedelungen meist aus Hülfegesuchen von Auswanderen hervorgingen, ergriffen jetzt die Fürsten selbst die Initiative, und es ist erstaunlich anzusehen, wie schnell sich die Bewegung, in Wagrien beginnend, längs der slawisch-deutschen Grenze bis nach Schlesien und Oestreich hinein fortpflanzte und überall die eifrigste Colonisationsthätigkeit anregte.[1)]

Die Natur unserer Quellen bringt es mit sich, dass wir namentlich über die leitenden Persönlichkeiten in dieser grossen Bewegung meist ganz in Unwissenheit sind, und wenn unterrichtet, so mehr durch zufällige Andeutungen, als durch positive Zeugnisse. Darauf scheinen jedoch die noch vorhandenen Spuren deutlich hinzuweisen, dass der Erzbischof Hartwich unter den Ersten war, welche den Segen der niederländischen Colonisation dem slawischen Osten mittheilten. Es war gerade um dieselbe Zeit, wo Hartwich als Dompropst nach Bremen berufen war, dass hier die seit Erzbischof Friedrich's Zeiten stillgestandene Colonisation wieder in lebhaften Angriff genommen ward. Ein durch mehrere Jahre, wie es scheint, überaus massenhaft eindringender Zug von Ansiedlern breitete sich über die ganze Diöcese aus; soweit wir es heute übersehen können, hat sich der Strom in vier grosse Gruppen gesetzt:[2)] Die erste die

---

[1)] Wagrien 1143, Land Jerichow in der Altmark 1146—49, Jüterbock 1150, Bitterfeld 1153, Havelland 1159, Anhalt 1159, Magdeburg 1167, Niederlausitz vor 1200, Schlesien 13. Jahrhundert, Oestreich 1208.

[2)] Für die Lokalbestimmungen sei hier und für die Folge auf Schumacher's Aufsatz im Bremischen Jahrbuch III. 199—245 hingewiesen, welcher in der Form einer Kritik des Borchgräve'schen Werkes die gesammten Niederländischen Colonien im Bereich der Bremer Erzdiöcese abhandelt, durch gründliche Lokal- und Quellenkenntniss alle bisherigen Arbeiten übertreffend.

Colonie im Bremischen Niedervielande, mit welcher Erzbischof Adalbert zuerst die Cultivirung der linksseitigen Wesermündung begann (1142);[1]) dann die von Vicelin ausgehende Besiedelung der holsteinischen Unterelb-Marschen und an den Ufern der Wilster und Stör (1141—46);[2]) dann die weiten wendischen Gebiete in Wagrien, welche Graf Adolf den Einwanderern eröffnete, (1143)[3]) und endlich die lange Linie der linkselbischen Marschen in der Stader Grafschaft, deren Beginn ebenfalls diesen Jahren angehört. — Diese letzteren sind es, deren Urheberschaft ich hauptsächlich Hartwich zuschreiben möchte. 1143 nämlich verleiht Adalbero den Zehnten in dem halb bebauten, halb unbebauten Bruchlande Thitgeriscop (heute Hollern) nahe bei Stade, welcher Zehnte„ da der Anbau des Landes von Jahr zu Jahr zunehme, in demselben Maasse vergrössert werden solle";[4]) die Colonisation muss hier also erst vor Kurzem begonnen haben. Ferner ist 1149 von Holländern bei Stade die Rede,[5]) und stromauf- und stromabwärts von diesem Orte, im alten Lande und im Lande Kehdingen finden wir das ganze Ufer mit Colonien besetzt, von denen ein gut Theil bis in diese Zeit hinauf reichen mag. Es können nun die fraglichen Ansiedelungen, wenigstens jene ältesten schon 1143 bestehenden, kaum von jemand anders als von dem Herrn des Landes, damals noch den Grafen von Stade, angelegt worden sein; derjenige von ihnen aber, welcher zur Zeit regierte, Rudolf II., war beständig und auch damals in Fehden verwickelt und überhaupt nicht der Mann, sich viel um die Künste des Friedens zu kümmern. So können wir unsere Vermuthungen nur auf das einzige andere Mitglied des Stader Hauses, auf den Dompropst Hartwich richten, wenigstens als auf den intellectuellen Urheber, um so mehr, da einige andere Umstände bestärkend hinzutreten: einmal nämlich eine Urkunde von 1143,[6]) in welcher Hartwich, seine Mutter und sein Bruder dem

---

[1]) Hambg. U. B. Nr. 165.
[2]) Hambg. U. B. Nr. 163. 169.
[3]) Helm. c. 57.
[4]) Hambg. U. B. Nr. 171.
[5]) Hambg. U. B. Nr. 189.
[6]) Hambg. U. B. Nr. 169.

Kloster Neumünster die Bruchdistrickte von der Krückau und
dem See Wikfleth bis nach Elmshorn schenken, und zwar nachweislich zum Zwecke der Colonisation,[1]) ein sicheres Zeichen
also, dass Hartwich sich schon damals und nicht erst als Erzbischof die Förderung der Colonisation am Herzen liegen liess;
zweitens der Umstand, dass er die sechs Jahre später von ihm
angelegte Wesercolonie nicht etwa mit dem Rechte der nebenan
liegenden älteren, sondern gerade mit dem bei Stade geltenden
Hollerrecht begabte.[2]) — Zwischen diesen Colonien an der
Unterelbe und den bald darauf an der Mittelelbe in der Altmark
entstehenden, glaube ich einen ursächlichen Zusammenhang, und
als dessen Mittelglied die Person Hartwich's vermuthen zu müssen.
Dem Nachweis hierüber müssen einige Bemerkungen vorausgeschickt werden.

Gegen die ältere Ansicht, dass die Colonisation der Mark
erst 1157 begonnen habe,[3]) ist neuerdings auf Spuren niederländischer Ansiedelungen aufmerksam gemacht worden, welche
bis in die 40ger Jahre des Jahrhunderts zurückreichen.[4]) Es
giebt nämlich in dem rechtselbischen Theile der Altmark in und
um Jerichow noch heute eine Anzahl zum Theil sehr bedeutender
Backsteinbauten von unleugbar niederländischem Ursprung, deren
ältester die Klosterkirche zu Jerichow schon c. 1149 begonnen
und 1159 der Hauptsache nach vollendet worden ist.[5]) Aufnahme
und Durchführung eines so grossen Bauwerkes setzt aber voraus,
dass die Holländercolonie, welche von ihren namentlich zu Anfang
so dringenden Deich- und Entwässerungsarbeiten noch die zum
Kirchenbau nöthige Menge von Werkleuten abgeben konnte,

---

[1]) Wersebe, I. p. 262 f.
[2]) Hambg. U. B. Nr. 189.
[3]) A. v. Wersebe und L. v. Ledebur.
[4]) Von Fr. Adler in den „Märkischen Forschungen" VII. 1861, p. 110—127
und in „Mittelalterliche Backsteinbauten im preussischen Staate" p. 36 f.
[5]) Adler nennt mit Bestimmtheit für den Beginn des Baues das Jahr
1149, jedoch ohne einen Beweis. So viel ich finde, kann man mit Sicherheit
nur setzen 1149—1152, wie sich aus der Urkunde Erzbischof Wichmann's von
1172 ergiebt, Hambg. U. B. Nr. 239. Vergl. Riedel, Anselm von Havelberg,
in L. v. Ledebur's Archiv für Geschichte Preussens VIII. p. 238.

bereits ziemlich zahlreich gewesen sein muss. Diesem Argument zur Seite steht ein urkundliches Zeugniss, wonach König Konrad III. dem Bischof Anselm von Havelberg 1150 ein Colonisationsprivileg für seine Besitzungen ertheilt.[1]) Nun liegen aber die ältesten Backsteinbauten und damit auch die ältesten Colonien auf jenen Stadischen Elbgütern, welche Hartwich im Jahre 1144 der Havelberger Kirche zur Ausstattung des von ihm gestifteten Klosters Jerichow übertragen hatte. Hier ist der Anknüpfungspunkt gefunden. Denn um dieselbe Zeit, als Hartwich in Jerichow die Klostergründung vollzog,[2]) war er mit der Organisirung der Ansiedelungen bei Stade in vollster Thätigkeit. Die Aehnlichkeit der beiden Gegenden — hier wie dort dieselben fruchtbaren, aber durch die Ausschreitungen des ungeregelten Wasserlaufes dem Anbau bis dahin entzogenen Niederungen — sprangen sofort in die Augen, und dieselbe hoffnungsreiche Zukunft, welche die Arbeitstüchtigkeit der Niederländer soeben dem Mündungsufer der Elbe eröffnet hatte, musste unter denselben Verhältnissen, das war deutlich, auch diesem Lande erwachsen. Dazu die lebhafte Theilnahme, welche Hartwich für die Wohlfahrt dieser seiner eigentlichen Heimath hatte, besonders das Interesse, seine Stiftung auf jede Weise zu heben — und wir werden, das alles zusammen genommen, kaum irgend eine andere Wahrscheinlichkeit erdenken können als die, dass Hartwich der unmittelbare Urheber dieser ersten märkischen Holländercolonie ist.[3]) Die Ankunft der ersten Ansiedeler mag wohl mit den Anfängen des Klosters (1145) zusammenfallen, im folgenden Jahr, als Hartwich, der Haft Heinrich's des Löwen entflohen, sich wieder in dieser

---

[1]) Riedel, Cod. dipl. Brandenbg. Abth. I. B. 11. p. 438.

[2]) Vergl. oben p. 43.

[3]) Adler schreibt den wesentlichsten Antheil dem Bischof Anselm von Havelberg zu und will namentlich seine Anwesenheit in Utrecht im Winter 1145—46 dahin deuten, dass er der Gesandte sei, welchen nach Helm. c. 88 Albrecht der Bär nach Utrecht und an den Niederrhein habe gehen lassen. An die Gegengründe Heinemann's c. 5 not. 85 mich anschliessend, muss ich der Adler'schen Ansicht entschieden widersprechen, namentlich deshalb, weil die Colonisation Albrecht's des Bären erst 1159 begonnen hat.

Gegend aufhielt, hat er gewiss in die Einrichtung der jungen Pflanzung thätig eingegriffen, und auch später wird er auf seinen häufigen Besuchen in Ostsachsen, ihr seine Theilnahme geschenkt haben. Die schnell erfasste Erkenntniss von der hohen Bedeutung des Colonisationswesens und die auf seinen Privatgütern gesammelte praktische Erfahrung erhielten ein weites Arbeitsfeld, als Hartwich an die Spitze des Bremer Erzbisthums trat. Sofort mit dem ersten Jahre seiner Regierung eröffnete er ein im grossen Styl durchgeführtes Colonisationssystem, von welchem wir wenigstens die äusseren Umrisse im Allgemeinen zu erkennen im Stande sind. Gerade diese, das ganze besiedelungsfähige Land gleichmässig umfassende Planmässigkeit ist es, welche Hartwich vor seinen Vorgängern in hohem Grade auszeichnet. Es lassen sich zwei grosse Colonisationsbezirke unterscheiden, der eine am linken Weser- der andere am linken Elbufer. Der erste umfasste nahezu das ganze Tiefland von den Ortschaften Dreye und Weihe oberhalb Bremens bis hinab zur Hunte und landeinwärts bis an den Rand der Geest und hinüber auf das linke Ufer der Ochtum und Hunte. Hartwich fand hier ausser der von seinem Vorgänger angelegten Colonie zwischen Hasbergen und Sannau fast gar keine bewohnten Ortschaften vor; von den meisten Theilen vielmehr wird ausdrücklich erwähnt, dass sie bis dahin unbebaut gewesen sind. Die planmässige Besiedelung und Cultivirung dieses ganzen Striches wurde von Hartwich während seiner Regierung, und zwar grossentheils bis zum Jahre 1158 fast bis zur Vollendung durchgeführt, sodass seinen Nachfolgern nur ganz vereinzelte Stücke in Anbau zu nehmen übrig blieben.[1]) Noch ausgedehnter war die andere Reihe der Colonien, die sich in den Elbmarschen, von jener 1143 bei Stade gegründeten ausgehend, stromaufwärts durch das alte Land und stromabwärts durch Kehdingen bis an die Spitze des Landes Hadeln erstreckten. Auch um Bremen selbst hatte sich allmählich, an jene älteste von Erzbischof Friedrich bei Horn gegründete sich

---

[1]) Hambg. U. B. Nr. 189, 209. Wersebe I. p. 66—102.

anreihend und bei Wasserhorst die Wumme erreichend, ein geschlossener Kranz von Ansiedelungen gebildet und bereits unter Hartwich waren sie dermaassen angeschwollen, dass die Bürger Bremens in ihrem weiteren Umsichgreifen Gefahr für den Bestand der Gemeindeweide zu sehen glaubten und sich desshalb vom Erzbischof urkundlich versichern liessen, diese Weide solle niemals angebaut werden. (1159)[2])

Nothwendig mussten die so wechselvollen und stürmischen Ereignisse in den äusseren Verhältnissen des Erzstifts und seines Regenten jedesmal auf den Entwicklungsgang der Colonien einen sehr fühlbaren Rückschlag ausüben. Nur höchst unvollkommen sind wir in diesen Dingen die einzelnen Momente zu erkennen im Stande. Wie es scheint, hat der eigentliche Angelpunkt der zwischen Hartwich und Heinrich dem Löwen entbrannten Feindschaft, der Widerstreit zwischen Territorialgewalt und Landesherzogthum, auch die Colonisation in ihrem Kerne berührt. Die Ansiedelungen fanden nämlich zum grössten Theil auf unbewohnten, eigentlich ganz herrenlosen Strichen statt, und hierin lag die Streitfrage, welcher Autorität das Verfügungsrecht über dieselben zukommen solle. Zunächst wurde es ohne Widerspruch von den Bremer Erzbischöfen gehandhabt, wie es scheint kraft eines Rechts, das sie aus ihrer Landeshoheit ableiteten; sie vergaben oder verkauften ohne weiteres die Landstücke, setzten den Ansiedelern Recht und Gericht, erhoben von ihnen Abgaben, kurz unterwarfen sie vollständig ihrer Hoheit. Diese Befugnisse nun scheint Heinrich der Löwe dem Erzbischof bestritten und für seine, die herzogliche Autorität in Anspruch genommen zu haben. Uns ist es doppelt schwer, hierüber klar zu werden, weil die rechtlichen Inhalte der Gewalten, aus denen beide Theile ihre Ansprüche ableiteten, selbst schwankende, beständig im Werden befindliche Begriffe waren. Die Colonie von 1106 wird allein vom Erzbischof ohne Concurrenz einer anderen Gewalt angelegt. Dagegen die Colonie von 1142, obgleich auf einem durch Schenkung Heinrich's IV. der Bremer Kirche ge-

---

[1]) Hambg. U. B. N. 219. Brem. U. B. I. N. 49.

hörigen Bruche gelegen, wird in merkwürdiger Weise zwischen
dem Erzbischof, dem Herzog und seiner Mutter und — räthselhaft
genug — auch dem Markgrafen Albrecht dem Bären gleichmässig
getheilt, während alle in derselben Urkunde festgesetzten Abgaben
allein dem Erzbischof zufliessen, und auch dieser das Rechts-
verhältniss der Colonisten festsetzt. 1149, wo der zu bebauende
Grund und Boden allerdings ausdrücklich als dem Domcapitel,
dem Erzbischof und einigen Ministerialen gehörig bezeichnet
wird, handelt Hartwich ganz aus eigener Autorität. Wiederum
1158 wird vom Kaiser, indem er die von Hartwich am linken
Weserufer angelegten Colonien privilegirt und die dort getroffenen
Anordnungen bestätigt, der Consens des Herzogs besonders erwähnt. Und 1170 ertheilt der Herzog ganz einseitig von sich
die Concession zu einer Ansiedelung.[1]) Man sieht, es ist kaum
möglich, aus diesen widersprechenden Fällen ein bestimmtes
geltendes Recht zu entnehmen. Ziemlich deutlich dagegen tritt
die Absicht Heinrich's des Löwen hervor, nach dem Sturze
Hartwich's die Colonien der erzbischöflichen Oberhoheit zu ent-
ziehen und der herzoglichen zu unterwerfen. Wir erfahren, dass
er den von Hartwich für die Colonien eingesetzten Oberbeamten
Namens Bovo verfolgt und an der Ausübung seiner richterlichen
Functionen verhindert hat. Inzwischen kam die Versöhnung
Hartwich's mit dem Kaiser und dem Herzog zu Stande und dadurch gelang es ihm, das kostbarste Werk, welches seine Regenten-
thätigkeit dem Lande geschenkt hatte, noch dem Erzstifte zu
retten. Damals wurden durch drei kaiserliche Urkunden (vom
16. März 1158) die Rechte der Hamburg-Bremischen Kirche im
allgemeinen, insbesondere aber der Besitz der neuen Colonien
sicher gestellt. Auf Grund einer vorgewiesenen Schenkung
Heinrich's IV. bestätigt der Kaiser und nimmt in seinen besonderen
Schutz des Erzbisthums Eigenthumsrecht am Hofe Lesum und
an den namentlich aufgezählten Marschen am linken Weserufer,
sowie alle von Karl dem Grossen bis auf die Gegenwart von
irgend einem Kaiser verliehenem Rechte und Besitzungen.[2]) Die

---
[1]) Hambg. U. B. Nr. 238.
[2]) Hambg. U. B. Nr. 210.

in dieser ersten Urkunde schon mit einbegriffenen Colonien werden in einer zweiten noch einmal eigens in Schutz genommen und alle vom Erzbischof dort getroffenen Einrichtungen, besonders die von seinem Stellvertreter Bovo vorgenommenen Verkäufe bestätigt.[1]) Die Schutzzusicherung gegen diesen Bovo wird ein zweites Mal wiederholt und unter die Bedingungen des zwischen Hartwich und Heinrich dem Löwen hergestellten Friedens aufgenommen.[2]) — Viel schwerer hatte es Hartwich, für den Grund und Boden der Elbcolonie einen Rechtstitel des Besitzes nachzuweisen, zumal da die Grafschaft Stade, in die Restitution der Stiftsgüter nicht einbegriffen, in den Händen Heinrichs des Löwen blieb. So nahm der Erzbischof seine Zuflucht zu einem der ganzen Zeit und auch der Bremer Kirche geläufigen Mittel; er schwärzte in die schon zweimal interpolirte Stiftungsurkunde des Erzbisthums von Kaiser Ludwig dem Frommen eine neue Fälschung ein, deren eigentlicher Zweck der letzte Satz ist, wo es heisst: Auch alle Sümpfe an der Elbe, bebaute und unbebaute, setzen wir in die Grenzen jenes Sprengels, damit die Ueberelbischen sich vor dem Angriffe der Heiden, welcher immer zu fürchten ist, sicher an diesen Orten verbergen könnten. Um der Fälschung endlich noch grössere Kraft zu verleihen, musste auch der Papst im folgenden Jahre das Besitzrecht Bremens an den Elbmarschen in einen allgemeinen Bestätigungsbrief namentlich aufnehmen.[3])

So waren die Colonien dem Erzstift glücklich gerettet. Unter Hartwich's Händen wuchs ihr Gedeihen und ihr Wohlstand mit einer Schnelligkeit, welche man wunderbar nennen muss. Helmold schildert diese Gegenden, die vor weniger als einem Menschenalter bloss traurige, unbewohnte Moorflächen zeigten, zu Anfang der sechziger Jahre in erstaunlicher Verwandlung als ein volkreiches, behagliches, gesegnetes Culturland. Aber mitten in dieses freudige Aufblühen hinein brach eine schwere Heimsuchung, die grosse Fluth vom 16. Febr. 1164, welche drei Tage lang die Nordseeküste vornehmlich an den Mündungen der

---

[1]) Hambg. U. B. Nr. 209. Brem. U. B. I. N. 46.
[2]) Hambg. U. B. Nr. 213.
[3]) Hambg. U. B. Nr. 217. Ueber die Fälschung s. Excurs V.

Weser und Elbe, fürchterlich verheerte. Weit und breit erzählte man sich noch lange von der grossen Fluth.[1] „Es erhob sich ein schreckliches Ungewitter" so erzählt Helmold, „Windstösse, flammende Blitze, krachende Donner, und allenthalben wurden viele Häuser angezündet oder umgestürzt. Ueberdies entstand eine so ungeheure Meeresfluth, wie sie seit alten Zeiten nicht erhört worden ist. Dieselbe überschwemmte die ganze Ufergegend von Friesland und Hadeln und alle Marschländereien an der Elbe und Weser und den sonstigen Flüssen, welche in die See münden. Und es wurden ersäuft viele tausend Menschen, und Vieh soviel, dass man es nicht zählen konnte. Wie viel Reiche und Vornehme sassen da am Abend und schwelgten im Vergnügen, keines Uebels sich versehend; plötzlich aber kam das Unglück und stürzte sie mitten in die Fluth." Und der Pöhlder Chronist berichtet: „Auf einer Strecke von zwanzig Meilen war die Meeresküste mit Leichnamen besäet; die Ertrinkenden klammerten sich an die hölzernen Planken und die Trümmer ihrer Häuser und viele wurden so von Wind und Wellen in entlegene Gegenden verschlagen."

Vergleicht man nun die Resultate von Hartwich's Colonisationsthätigkeit mit dem, was seine Vorgänger und Nachfolger darin geleistet haben, so ergiebt sich, dass bei den ersteren nur von gelegentlichen, vom jedesmaligen Zufall gebotenen Versuchen, mehr von einem Gewährenlassen, als von einem selbstständigen Eingreifen die Rede sein kann. Zuerst Hartwich hat die gesammten zur Colonisation geeigneten Landstriche im Bezirk des Bremer Sprengels in ein einheitliches System des Anbaues zusammen gefasst und dieses Werk mit so viel Energie und Geschick und trotz der unglücklichen politischen Verhältnisse auch mit so viel Erfolg betrieben, dass seinen Nachfolgern nur übrig gelassen ward, den von ihm überall vorgezeichneten, wenn

---

[1] Die ausführlichsten Schilderungen bei Helm. II. c. 1, Ann. Palid und Magdebg. Diese, sowie Ann. Stederburg. haben übereinstimmend 14 Cal. Mart. Es ist wohl nur ein Schreibfehler, dass die Ann. Colon. max. 14 Cal. Oct. haben und die Ann. Pegav. 4 Cal. Mart. Die Ann. Colon recensio II. geben als Ort maxime circa Wiseram, die Ann. Brem. Hadeleriam et terram palustrem Albie.

auch nicht überall zur lückenlosen Vollendung gebrachten Plan
auszufüllen. So steht Hartwich unter den Ersten derer, welche
früher als in meisten übrigen Deutschland hier in den Elb- und
Wesermarschen ein Geschlecht voll arbeitskräftiger Tüchtigkeit,
solider Wohlhabenheit und selbstbewusster Freiheit begründen
halfen, ein stolzes und achtunggebietendes Glied des deutschen Bauerthums, ein ehrenvolles Blatt in der Geschichte der
deutschen Arbeit.

VII.

Im Zusammenhang mit den niederländischen Colonien werden
wir auf Spuren geführt, welche Hartwich in merkwürdiger Weise
wiederum an den Ausgangspunkt einer anderen nicht minder
anziehenden und bedeutenden Erscheinung des deutschen Culturlebens zu stellen scheinen, ich meine die norddeutsche Backsteinbaukunst, jenen eigenthümlichen, streng genommen einzig und
allein eigenthümlich und selbstständig deutschen Zweig der Gothik.
Die Anfänge des norddeutschen Backsteinbaues reichen bis in
die romanische Periode hinauf, und zwar sind wir in dem seltenen
und deshalb der Beachtung doppelt werthen Falle, diese Anfänge
auf einen bestimmten Ort, ein bestimmtes Jahr und mit ziemlicher Sicherheit sogar auf eine bestimmte Persönlichkeit fixiren
zu können.

Bis in die Mitte des zwölften Jahrhunderts hatte man in
der norddeutschen Ebene und so auch in der Altmark, die des
gewachsenen Bausteins gänzlich entbehrt, zu monumentalen Bauten
ausschliesslich die überall umherliegenden erratischen Granitblöcke
benutzt, ein Material, welches durch seine ungefüge Rohheit
und Sprödigkeit jede künstlerische Gestaltung unmöglich machte.
Plötzlich und unvermittelt erscheint hier nun ein Backsteinbau,
der durch strenge, edle, stylvolle Anlage und besonders durch
meisterhafte Technik in der Behandlung des Materials alle
späteren überragt. Dieser Bau ist die oftberührte Klosterkirche
zu Jerichow. Von ihr aus lässt sich die Weiterverbreitung der
Backsteintechnik zunächst über die Altmark, dann über alle

deutschen Ostseeländer deutlich verfolgen. Aber ihr Ursprung bleibt räthselhaft, wie eine vom Himmel gefallene Erscheinung. Von den mehrfach aufgestellten Hypothesen will die eine, aus eigenthümlichen Detaillsbildungen schliessend, das Vorbild der Kirche von Jerichow in Norditalien suchen,[1]) wo der Backstein seit den Römerzeiten in ununterbrochener Folge und grosser Vollendung angewandt worden war. Dagegen ist von anderer Seite durch genaue Untersuchungen constatirt, dass die Technik des Mauerwerks und besonders auffallend das eigenthümliche, kleine Format der Ziegeln bei Jerichow und den anderen märkischen Kirchen genau mit den romanischen Backsteinbauten am Niederrhein und in Holland übereinstimmt.[2]) Hiermit das gleichzeitige Eintreffen der niederländischen Colonisten in Verbindung gebracht, wird der niederländische Ursprung der Jerichower Kirche als unwiderlegliche Schlussfolgerung gezogen. So treffend die Gründe dieser Ansicht sind, so erheben sich gegen sie doch mehrere später zu berührende Bedenken, und auch, was die andere Partei für italienischen Ursprung beibringt, ist nicht wegzuleugnen. Hier nun möchte ich, jedoch ohne dem Endurtheil der Kunstkenner von Fach irgend vorgreifen zu wollen, von Seiten der Geschichte einige Hinweise zu geben versuchen, welche aus dem Widerstreit der Meinungen, der unlöslich erscheint, so lange blos kunstgeschichtliche Momente berücksichtigt werden, vielleicht den Ausgang finden helfen.

Zunächst scheint es mir sehr bedenklich, dass die bei Erbauung der neuen Kirche massgebenden Personen die ihnen ganz fremde Backsteinbauart so schnell und so ohne Weiteres adoptirt haben sollten; dass sich der Backstein bei Privathäusern von kleinem Maassstabe bewährte, mögen sie wohl bei den Colonisten gesehen haben, aber für seine Anwendbarkeit zu monumentalen Bauten hatten sie gar keinen Beweis vor Augen. Bedenke man dazu, dass die mittelalterliche Kunst, zumal in der romanischen Epoche, mit fast scheuer Pietät an den traditionellen Formen festhielt und dass eine in Technik und Styl so durchgreifende

---

[1]) v. Quast im „Deutschen Kunstblatt" von Fr. Eggers, 1850, Nr. 29/31.
[2]) Adler, a. O.

Umwälzung, wie der Uebergang vom reinen Haustein- zum reinen
Ziegel-Bau ohne ein überzeugendes Vorbild, kaum gewagt werden
konnte. Und dann — wie sollte eine nicht sehr umfangreiche
und ganz ausschliessliche Ackerbaucolonie zufällig eine solche
Menge von geschickten Ziegelbrennern und Werkleuten und vor
allem einen so hervorragenden Baukünstler mit sich führen,
wie er nöthig war, um in 10 Jahren eine grosse und künstlerisch
vollendete Kirche, wie die von Jerichow, zu erbauen? Wenn
die Vorzüge des Backsteins so in die Augen springend waren,
warum sind die Colonisten erst in der Mark und nicht schon
im Bremischen, wo der Mangel an Haustein nicht minder gross
war, mit ihrem heimischen Material durchgedrungen? [1]) Endlich
ist es auffallend, dass die an der Jerichower Kirche zum ersten
Mal in Deutschland auftretenden, eigenthümlich gedoppelten
Rundbogenfriese- genau und mit allen Details mit denen übereinstimmen, welche sich an alten romanischen Backsteinkirchen
in Mailand, Pavia, Verona und anderen lombardischen Orten
finden. Diese verschiedenartigen Bemerkungen spitzen sich in
die Vermuthung zu, dass der Anstoss zum Bau der Jerichower
Kirche von einem Manne ausgegangen sein muss, der mit eignen
Augen, und zwar in Italien, Backsteinkirchen geschaut, die
Tüchtigkeit des Materials erprobt und dann nach italienischem
Muster, vielleicht unter Leitung eines italienischen Baumeisters,
durch niederländische Werkleute die Arbeit ausgeführt hat. Und
alle diese Forderungen treffen in eminentem Maasse in der Person
Hartwich's zusammen. Er ist es, der das Kloster gegründet,
der dessen Gedeihen auf jede Weise gefördert, der die Niederländer herbeigerufen hat, er ist — und das scheint mir den
Ausschlag zu geben — im Jahre 1149 in Italien, und gerade
in diesem Jahre wird der Bau der Kirche begonnen. Die Schlussfolgerung ergiebt sich von selbst: die Uebertragung des Backsteinbaues nach Norddeutschland ist das Werk Hartwich's. Alle

---

[1]) Im Bremischen baute man damals meist aus Holz, wo nicht, wie in
Bremen selbst, die Wasserstrasse die Anfuhr von Sandstein erleichterte.
Vergl. Loschen, Bremer Jahrbuch I. p. 309. Für uns wichtig ist der Bau
einer Holzkirche bei Stade (1141). Lappenberg, Geschichtsquellen, p. 188.

Widersprüche sind dadurch ausgeglichen, die Verbindung italienischer und niederländischer Elemente ist vollständig erklärt. Analogien zu einer derartigen Beeinflussung der deutschen Baukunst, namentlich durch die italienische, sind unendlich häufig. Hier sei nur ein Beispiel erwähnt, welches für Hartwich vielleicht nicht ohne Bedeutung gewesen ist. Der Bau des Bremer Doms war anfangs (1043) nach dem Plane des Kölner eingerichtet, ward aber 1045 vom Erzbischof Adalbert, der eben aus Italien heimkehrte, — ich erinnere daran, wie vielfach Adalbert von Hartwich zum Vorbild genommen ist — nach dem Muster des Doms von Benevent umgeändert und vollendet.[1]

---

[1] Adam, III. 3.

Excurs I.
Wesen und Umfang der sogenannten Grafschaft Stade.

Um die verschiedenen Erbansprüche an die Hinterlassenschaft des Grafen Rudolf von Stade und die sich daraus entspinnenden Streitigkeiten richtig würdigen zu können, ist es nöthig, festzustellen, was Graf Rudolf besessen hat, und kraft welchen Rechtes er das besessen hat.

Die Gesichtspunkte, nach welchen die hierauf bezüglichen Fragen im Einzelnen zu stellen und zu beantworten sind, ergeben sich am ehesten, wenn man zuvor ein Schema darüber aufstellt, woraus um jene Zeit das Besitzthum eines deutschen Grafen im Allgemeinen zu bestehen pflegte. In einem solchen finden wir gewöhnlich Folgendes vereinigt: erstens das Grafenamt in einem oder in mehreren Comitaten und zahlreiche daraus entspringende nutzbare Rechte; zweitens eine Anzahl von Reichslehngütern als Pertinenz des Grafenamtes, dann Kirchenbeneficien und Vogteirechte, endlich Eigengüter. In einem solchen Conglomerate von Grundbesitz und Rechten aller Art, welche theils aus rein staatsrechtlichen, theils aus rein privatrechtlichen Verhältnissen, theils aus einer Verquickung beider entsprangen, fanden die einzelnen Fragmente ihren Vereinigungspunkt allein in der Person des Fürsten, bestanden als einheitlicher Körper also nur so lange, als das Recht ihres Besitzes durch Erbfolge vollständig übertragen werden konnte.

Sehen wir nun zu, wie weit sich diese allgemeinen Grundzüge in den Besitzungen des Stader Grafenhauses wiederfinden. Ich bemerke jedoch ausdrücklich, dass ich meiner Aufgabe gemäss nur den Bestand der Stader Besitzungen berücksichtige, welchen sie im Augenblick von Rudolf's Tod gehabt haben. Die Summe derselben wird gewöhnlich unter dem Namen „Grafschaft Stade" oder „Markgrafschaft Stade" zusammenbegriffen. Der erstere Ausdruck ist wenig correct, der zweite strict falsch. Die Ursache des letzteren Irrthums[1]) ist vermuthlich die, dass in den Quellen den Stader Grafen häufig das Prädicat marchio, hier und da auch marchio de Stathen[2]) beigelegt wird. Dieser Titel rührt aber einfach daher, dass die Stader Grafen durch mehrere Generationen (1056—1130) Markgrafen der Nordmark waren. Bis 1056 heissen sie beständig comes, und später unterscheiden die Quellen durchaus correct zwischen den markgräflichen und den bloss gräflichen Familiengliedern. So Ann. Saxo a. 1124. Rodulfus (I.) comes, frater Udonis marchionis, marchio aliquamdiu et ipse[3]). Der letzte regierende Graf Rudolf II., welcher sich die Nordmark nicht erhalten konnte, heisst stets comes[4]). Eine „Stader Mark" ist den Quellen vollständig unbekannt[5]). Die einzige Ausnahme ist, dass die Ann. Pegav. a. 1039 den Ausdruck marchio Stadensis haben; das kann aber an diesem Ort nicht befremden, da der Pegauer Mönch die Stader Grafen vorzugsweise aus ihrer Stellung in der näher liegenden Nordmark kennt.

Doch auch die Bezeichnung „Grafschaft Stade" ist incorrect. Sie ist es, weil das, was man gemeiniglich so nennt, nicht eine Grafschaft, sondern ein Complex von mehreren durch verschiedene Gaue zerstreuten Grafschaften ist, welche durch zufällige historische Ereignisse allmählich in der Hand des aus der Burg Stade stammenden Grafengeschlechtes vereinigt worden sind. Kommt es in jener Zeit

---

[1]) Z. B. bei P. v. Kobbe, Geschichte u. Landesbeschreibung der Herzogthümer Bremen und Verden II. p. 133 im Anschluss an Roth u. Mencken.

[2]) Z. B. beim Annalista Saxo.

[3]) Vergl. auch Hambg. U. B. N. 154 . . . Henrici marchionis et boni Henrici comitis.

[4]) Es fällt in gar kein Gewicht, dass er auch einmal marchio genannt wird; denn das geschieht 55 Jahre nach seinem Tode, (a. 1199 Hambg. U. B. N. 316).

[5]) Es ist demnach durchaus unrichtig, wenn Dahlmann, Neocorus, p. 571 sagt: von nun an (1056) hiess er Markgraf, auch in Bezug auf Stade.

allerdings schon häufig vor — so auch in unserem Fall — dass der Graf sich nicht nach seiner Grafschaft, sondern nach seiner Stammburg nennt, so ist das Umgekehrte, dass der letztere Name auf den Comitat selbst oder gar auf einen Complex mehrerer übertragen wird, vor der Ausbildung der landesherrlichen Territorien unerhört; die Grafen aus Stade starben aber schon vor den Zeiten der letzteren aus. Dem ganz entsprechend und parallel laufend mit der Entwicklung der Landeshoheit, sind die Benennungen, unter welchen die Quellen die Stadischen Besitzungen zusammenfassen. Die gleichzeitigen sagen nie anders als: comitatus (zuweilen Plural) N. N. comitis de Stade, oder comitatus comitis N. N. in pago Wimodi, oder Ammeri etc. Die Lockerung des Sprachgebrauches zeigt zuerst der Annalista Saxo, welcher einmal (a. 1087) doch einfach comitatus Staden sagt. In Urkunden bleibt der strengere Sprachgebrauch und tritt das comitia Stadensis erst 1195 auf[1]; ganz regelmässig ist es dagegen schon bei Alb. Stad., welcher keinen Anstand nimmt die Verfassungsverhältnisse seiner Zeit, der landeshoheitlichen, auf die äusserlich scheinbar gleichartige Vergangenheit zu übertragen. Schon bevor der Name comitia Stadensis auftauchte, finden sich andere Versuche, die Stadischen Grafschaften der Kürze halber unter einen gemeinsamen Namen zusammenzufassen; so in einer Urkunde König Konrad's III. von 1145[2] mit: comitatus Nortlandie und in den Ann. Palid. a. 1145 als comitia Bremensis. Nicht minder als diese letzteren Namen ist der Name „Grafschaft Stade" blosse Bezeichnung für einen geographischen, nicht wirklich bestehender positiver Name für einen politischen Bezirk. Und nur mit steter Berücksichtigung dessen mag es sich empfehlen, den Namen „Grafschaft Stade" der Kürze halber auch noch heute beizubehalten.

Die Stader Grafen trugen seit 1062 ihre Comitate nicht mehr vom Reich, sondern vom Bremer Erzbischof zu Lehen[3]; dennoch werden sie unzweifelhaft zu den Reichsfürsten gezählt. Und zwar

---

[1] Hambg. U. B. N. 306, 307.
[2] Hambg. U. B. N. 177.
[3] 1062 Oct. 24. schenkt König Heinrich IV. die in Engern gelegene Grafschaft des Markgrafen Udo (v. Stade) der Hamburger Kirche zu Eigen. Hambg. U. B. N. 89.

haben sie die reichsfürstliche Qualität nicht etwa bloss als Inhaber der Nordmark, sondern schon an und für sich als Grafen von Stade. Dass Grafen, deren Comitate Kirchenlehen wurden, dadurch von ihrem reichsfürstlichen Charakter häufig nichts einbüssten, ist von Ficker gezeigt [1]); den positiven Beweis bringt für unseren Fall, dass Rudolf I., welcher nicht Markgraf, sondern bloss Graf von Stade war, urkundlich princeps genannt wird [2]), ein Prädikat, welches nach dem in jener Zeit insbesondere in Sachsen [3]) schon streng beobachteten Sprachgebrauch ausschliesslich dem Reichsfürstenstande zukommt.

Nach diesen Bemerkungen über das Wesen der Grafschaft Stade will ich versuchen, Umfang und Lage derselben möglichst genau festzusetzen.

Ich gehe von denjenigen Quellenstellen aus, welche den Umfang der ganzen Grafschaft beschreiben, und suche dann diese allgemeine Umrisslinie durch den Nachweis der einzelnen Besitzungen so gut es geht auszufüllen. — Adam III. c. 45 zu a. 1062 erzählt, der Erzbischof Adalbert habe alle Comitate innerhalb seines Sprengels in seine Hand bringen wollen; bei mehreren sei es ihm auch gelungen: Alter comitatus erat Utonis (de Stade), qui per omnem parrochiam Bremensem sparsim diffunditur, maxime circa Albiam. Die Schenkungsurkunde Heinrich's IV. Hambg. U. B. N. 89 ergiebt für den Umfang nichts Näheres, indem es bloss heisst: comitatus in Angeri situs. Helm II. c. 6 spricht von den Ländererwerbungen Heinrich's des Löwen: Quid dicam de amplissima potestate Hartwici archiepiscopi, qui de antiqua Udonum prosapia descendit? Nobile illud castrum Stathen cum omni attinentia sua, cum cometia utriusque ripe et cometia Thetmarscie etc. — Die Urkunde Friedrich's I. (1180 N. 16), in welcher die Grafschaft Stade der Bremer Kirche zugesprochen wird, sagt: (Hambg. U. B. N. 247) castrum Stadii et burgum cum ministerialibus et universis pertinentiis et omni jure... Genauer ist die Bestätigung dieser Urkunde durch König Philipp 1199 Januar 19 (Hambg. U. B.

---

[1]) Reichsfürstenstand § 58
[2]) Hambg. U. B. N. 169. Famosissimi principis Rotholfi comitis vidua... 1143 Juli 25.
[3]) Ficker a. O. § 53.

N. 316): castrum Stadii cum comitatu .... patrimonium quoque Rodulfi marchionis et fratris sui Hertwici, Bremensis archiepiscopi, patrimonium Heinrici marchionis, nec non hereditatem nobilis femine Ide, patrimonium comitis Friderici de Stadio, quod quondam dux Heinricus per violentiam occupaverat etc. — In dem Theilungsvertrage zwischen den Söhnen Heinrich's des Löwen (im Fragment Hambg. U. B. N. 339, vollständig Origg. Guelf. III. p. 628) heisst es: provenit sibi Stadium oppidum et omne predium nostrum, quod est infra comitiam Stadii usque ad Sevinam etc. — Aus diesen zeitgenössischen Nachrichten ergiebt sich: die Grafengewalt des Stader Geschlechtes erstreckte sich 1) über Ditmarschen, 2) über einen grossen Theil der Bremer Diöcese zwischen Weser und Elbe, namentlich am linken Ufer des letzteren Flusses, und umfasste ferner den nördlichen Zipfel des Verdener Sprengels bis an die Seve. Ueber das utriusque ripe des Helmold ist man verschiedener Meinung, ob die Ufer der Weser oder der Elbe gemeint seien. Wedekind, Noten III. p. 223 erklärt sich für die Weser, Lappenberg, Bremische Geschichtsquellen p. 21 not. 14 und nach ihm Weiland, Herzogthum, nimmt an, es sei die Elbe gemeint, und zwar auf dem rechten Ufer die sogenannten sieben Kirchspiele der Haseldorfer Marsch. Die letztere Annahme wird aber höchst unwahrscheinlich, wenn man in einem späteren Werke Lappenberg's, die Elbkarte des Melchior Lorichs p. 102—107 nachgewiesen sieht, dass bis zur zweiten Hälfte des 12. Jahrhunderts, also bis nach dem Ende der selbständigen Grafschaft Stade, die Haseldorfer Marsch fast gänzlich unbewohnt war; die alte Grafengewalt ist aber vorzugsweise Heer- und Gerichtsgewalt und wird sich desshalb kaum auf unbekannte Moorländer erstrecken. Genauer als die gleichzeitigen Quellen ist die viel spätere Rasteder Chronik (Meibom II. p. 89), post mortem marchionis Udonis († 1057) qui tunc possedit totam illam patriam a flumine Tzevena in castro Harborg et descendendo usque in barbaricum mare per Albiam possedit (Egilmarus) Waltsaciam et partes circa Wimmam et terram antiquam Saxonum, Laringiam, Rustringiam, Stedingiam et Ambriam, Tietmarsiam, Worsatiam, Hadeleriam et ceteras insulas, scilicet Kedingiam et antiquam terram. Trotz der späteren Zeit der Abfassung (XV. Jahrh.) ist an dieser

Aufzählung nichts Verdächtiges, da sie einmal mit den obigen zeitgenössischen Nachrichten in keinem Widerspruch steht, und dann, weil in den genannten Gegenden zwischen Elbe und Weser seit dem 11. Jahrhundert keine andere Comitatsgewalt nachzuweisen ist, als die der Grafen von Stade. Jedenfalls ersehen wir, was man zu des Chronisten Zeit als zu der Grafschaft Stade gehörend betrachtete. Aehnlich drückt sich eine falsche Urkunde König Philipp's (angeblich 1186) aus: Castrum Stadii et burgum cum ministerialibus et universis pertinentiis et omni jure suo ad integram cometiam cum insulis et territoriis adjacentibus, puta pagum Woltzatorum, terram antiquam, Hadeleriae, Wursatorum, Kedingorum et ultra Albiam Thietmareschagorum, et suis continentiis, cum omni jure suo et praediis suis ex integro, et quod erat quondam patrimonium Rodolphi marchionis et Frederici de Stadio, atque hereditatem nobilis matronae Idae, cum omni jure etc. (Hambg. U. B. N. 274.) Da zur Zeit der Fälschung die Rechte Bremens an Stade genügend feststanden und von Niemandem angegriffen wurden, kann der Zweck der Fälschung nur eine wörtliche, keine sachliche Erweiterung der echten Urkunde Philipp's von 1199 sein.

Ich gehe jetzt den Spuren der Stadischen Herrschaft in den einzelnen Gauen nach, welche innerhalb des durch obige Zeugnisse allgemein beschriebenen Bezirks lagen. Dabei beziehe ich mich auch auf diejenige Umgrenzung der Gaue, welche von Hodenberg, die Diöcese Bremen und ihre Gaue in Sachsen und Friesland Th. II. festgestellt hat, jedoch mit steter Rücksicht auf das ältere Werk von A. v. Wersebe, Beschreibung der Gaue zwischen Elbe, Saale, Unstrut, Weser und Werra.

1) Für den Gau Heilanga, zwischen Luhe, Oste und Elbe, wo der alte Stammsitz Harseveld und der spätere Stade lag, und

2) für den zum Verdener Sprengel gehörenden Gau Mosdi, von der Luhe bis zur Seve, lassen sich ausser den oben angeführten an und für sich schon genügenden Zeugnissen, wie z. B. dem maxime circa Albiam bei Adam, noch folgende beibringen: in der Fehde des Jahres 1154 besetzt Hartwich seine Burgen Stade, Freiburg (im Land Kehdingen, Gau Heilanga) und Harburg (Gau Mosdi). Das

heutige Land Kehdingen und das alte Land wird als terra Stadensis zusammengefasst (Schumacher im Bremer Jahrbuch, Band III. p. 216) und von Innocenz III. der Bremer Kirche zu - und den Erben Heinrich's d. L. abgesprochen [1]); es ist also unzweifelhaft Stadisches Land. Alb. Stad. a. 1112, indem er von dem Erbe der Ida von Elstorf spricht, sagt: qui comitatus (Utonis) erat illam heriditatem continens. Die Besitzungen der Ida lagen aber (s. unten p. 135) in den Gauen Heilanga, Mosdi und Waltsatia. Somit umfasste die Grafschaft Stade auch

3) den Verdener Gau Waltsatia, an der oberen Oste bis an die Wumme;

4) in der obigen Urkunde Innocenz II. erhält Bremen ferner zugesprochen das Land Hadeln, und dieses lag im Gau Hostinga. Hadeln und Wursten fällt im Theilungsvertrage von 1203 auf den Pfalzgrafen Heinrich und kann in den Welfischen Besitz kaum anders als aus dem Stadischen Erbe gekommen sein;

5) im Gau Wigmodi, an der rechten Unterweser bis zur Geeste, finden wir (Hambg. U. B. N. 87) a. 1062 curtem Liestmunde in comitatu marchionis Udonis et in pago Wimodi nuncupato sitam. Im registr. bonor. et ecclesiar. Brem. de 1420 (bei Hodenberg a. O. II. p. 15) wird der Census für die Dompropstei in sechs Abschnitten verzeichnet. In dem ersten „in comitia Stadensi" werden Orte genannt, die in den Gauen Heilanga, Waltsati, Mosdi und im östlichen Theil des Wigmodi liegen. Die andere westliche Hälfte des Wigmodi wurde von der curtis Liestmunde (Lesum) eingenommen, und hierfür erwiess die obige Urkunde von 1062 die Comitatsgewalt der Stader;

6) im Gau Lara vel Steiringa, am linken Weserufer bis an die Hunte, scheint Udo II. von Stade neben dem Billunger Herzog Bernhard II. einen Comitat besessen zu haben. Heinrich III. schenkt (Hodenberg, Hoyer Urk. B. VIII. N. 9) 1049 dem Erzbischof Adalbert cum consensu Bernhardi ducis et Udonis comitis...forestum... in pago Lara vel Steiringa...

7) im Gau Ammeri, am linken Weserufer unterhalb der Hunte, bestätigt Heinrich IV. a. 1063 (Hambg. U. B. N. 92) der Bremer

---

[1]) Hambg. U. B. N. 346.

Kirche forestum in pago Ammeri stium, in comitatu Udonis marchionis — Hodenberg die Diöcese Bremen etc. p. 69—83 weist nach, dass das Wesertiefland in Largau und Ammergau später (zuerst 1190) unter dem Namen Stedingerland zusammengefasst wurde. So bestätigt sich auch diese Nachricht der Rasteder Chronik, dass die Grafschaft Stade auch Stedingiam umfasst habe;

8) die Rasteder Chronik nennt als einen Theil der Stader Grafschaft ferner Rustringen, die Landschaft grenzte an das Stedingerland und gehörte nicht mehr zu Sachsen, sondern schon zu Friesland aber noch zur Diöcese Bremen. Für die Richtigkeit dieser Rasteder Nachricht lässt sich kein anderweitiger Nachweis führen;

9) die Stader Grafen hatten ferner die Grafengewalt über Ditmarschen. Dahlmann's im Neocorus I., Anhang I. durchgeführte Ansicht, dass Ditmarschen von jeher ein Theil der Grafschaft Stade gewesen sei und zusammen mit dieser die Grafschaft beider Gestade (cometia utriusque ripae) gebildet habe, dass dann Ditmarschen unter Siegfried († 1034) an eine Seitenlinie abgetreten, und von Luder Udo († 1057) wieder mit Stade vereinigt, ist, wie mir scheint, doch nur eine wenig unterstützte Hypothese. Vielmehr ergiebt sich aus Albert v. Stade, welcher zum Jahr 1112 eine alte und augenscheinlich gute Quelle überliefert, aber leider in einem ziemlich verworrenen Auszug, nur folgendes: die ersten und zugleich letzten zu unserer Kenntniss kommenden eigenen Grafen von Ditmarschen sind Dedo und Etheler der Blonde, welche um die Mitte des 11. Jahrhunderts in ihrer Grafschaft erschlagen werden. Es findet sich an ihnen nicht die geringste Spur einer Verwandtschaft mit den Stader Grafen. Sie waren nacheinander Gemahle der Ida von Elstorf. Diese, nach Albert eine Tochter Herzog Ernst II. von Schwaben und einer Gräfin von Egisheim, der Schwester des Papstes Leo IX., war bereits vorher in erster Ehe mit Lippold, einem Immedinger, verheirathet gewesen und hatte ihm einen Sohn Ekbert geboren. Ekbert wurde zwischen 1049 und 1054 von Graf Udo II. (als Markgraf I.) erschlagen; die Mutter musste den Mörder adoptiren, und so kam der Complex der reichen Immedingischen Güter (vergl. Wedekind, Noten I. 268 f., III. 226 f.), welcher fortan den Namen hereditas Idae führt an das Stader Haus. Anders stand

es mit Ditmarschen. Dedo und Etheler scheinen keine männliche Nachkommenschaft gehabt zu haben; eine Tochter Richenza heirathete den Grafen Eilmar von Oldenburg. Da nun nach dem Tode Ethelers Ditmarschen mehrere Jahre vacant blieb, sei es nun, dass sie keine Verwandten mehr hatten, oder dass Niemand derselben die Grafschaft wegen der aufsässigen Einwohner anzutreten wagte, schenkte der König (Heinrich IV.) sie der Bremer Kirche (wohl gleichzeitig mit den Comitaten Udos von Stade und Bernhards, Grafen im Emsgau Hambg. U. B. N. 88, 89) und erst von Bremen kam Ditmarschen als Kirchenlehn an die Stader [1]). Das ist die Erklärung des maxime circa Albiam bei Adam und der Grund für die spätere unmittelbare Unterthänigkeit Ditmarschens unter das Erzbisthum. — Eine von der oben entwickelten stark divergirende Ansicht ist die von Jaffé begründete und seitdem oft wiederholte (z. B. von Weiland), nämlich dass das Stader Geschlecht die Grafengewalt über Ditmarschen als Allod besessen habe. Jaffé (Conrad III., Beilage IV.) folgert das aus einer Urkunde Conrads III. d. d. Magdeburg 1145 (Hambg. U. B. N. 177), wo es heisst: Rodulfus comes a suis hominibus in comitatu Diethmaringensium impie interemptus fuerat, et ei (Hartwico) tota paternae domus possessio hereditario jure competebat, a cujus ingressu et usu eum predicti sicarii, sui germani interfectores, prohibebant etc. Meines Erachtens kann man hieraus nur ersehen, dass Ditmarschen dem Hartwich hereditario jure competebat und nichts weiter, das kann aber um jene Zeit mit vollem Rechte von jeder Lehngrafschaft

---

[1]) Alb. Stad. 1112. Ida ergo mortua, devoluta est hereditas ad predictum Udonem, marchionem primum, cui etiam competebat alia ratione. Nam cum nullus de ejus sanguine hereditatem illam multo annorum spacio sibi vendicaret, in jus regiae potestatis cessit, et ita Bremensi ecclesie provenit, et predictus Udo tenuit Stadensem comitatum ab ecclesia Bremensi in beneficio, qui comitatus erat illam hereditatem continens. Albert confundirt hier die verschiedenen Bestandtheile der Hinterlassenschaft Idas. Der Heimfall an den König, die Schenkung an Bremen u. s. w. kann sich offenbar nur auf Ditmarschen bezogen haben, da die Immedingischen Allode erst 1144 von Hartwich der Kirche geschenkt wurden. Dass Ditmarschen schon unter Adalbert I. an Bremen kam, nimmt schon Dahlmann a. O. p. 574 an, und auch Waitz, Schleswig-Holsteinische Geschichte I. p. 41.

ausgesagt werden. Was aber die Hauptsache ist, eine „Grafengewalt als Allod" ist nicht nur ohne jegliche Analogie, sondern überhaupt ein unausdenkbarer Begriff. — Aus einem späteren Satz derselben Urkunde schliesst Jaffé weiter, auch eine Grafschaft Nortland habe zum Stadischen Allod gehört. Die nähere Untersuchung, deren Detail zu weitläufig ist, ergiebt, dass der „comitatus Nortlandiae" der Urkunde nichts Anderes ist, als ein Versuch der kaiserlichen Canzellei, die verschiedenartigen Comitate der Grafen von Stade, die damals noch keinen Gesammtnamen trugen, unter einen solchen zusammenzufassen, dass also die „Grafschaft Nortland" bloss besagen will: die im äussersten Norden Deutschlands gelegene Grafschaft[1])

Das Resultat dieser Untersuchungen ist: der Grafengewalt des Stader Geschlechtes unterstanden

1) nördlich der Elbe Ditmarschen,

2) zwischen Elbe und Weser sämmtliche Gaue der Bremer Diöcese und die Verdener Gaue Mosdi und Waltsati,

3) südlich der Weser, der später Ober-Stedingen genannte Theil des Largaus und der Ammergau. Selbstverständlich bildete die Grafschaft keine compakte Masse, sondern ward allenthalben von den Immunitätsbezirken der Bremer Kirche durchbrochen; daraus erklärt sich das sparsim diffunditur bei Adam.

Wir kommen jetzt zur zweiten Hauptmachtquelle des Stader Grafenhauses, zu ihrem Besitz an Grund und Boden. Dazu gehörten erstens Beneficialgüter, Reichslehen und Kirchenlehen, die wir jedoch im Einzelnen von den Allodialgütern nicht mehr zu unterscheiden im Stande sind. Adalbert I. übertrug dem Grafen Udo 1162 eine grosse Menge von Kirchengütern, deren jährliche Einkünfte auf tausend Pfund Silbers geschätzt wurden (Adam III. c. 45). Sehr umfangreich war zweitens der Stadische Allodialbesitz. Die eine Hauptmasse lag im Bremischen, die andere im Magdeburgischen, dann eine Menge durch ganz Mitteldeutschland bis an den Main zerstreuter Güter. Im ersten Bezirk unterscheiden wir wiederum mehrere Gruppen:

---

[1]) Ohne Grund erklärt Wersebe, Colonieen I. p. 272 n. 68 den comitatus Nortlandiae für eine spätere Interpolation, worunter der Fälscher Nordfriesland oder das Eiderstedtische gemeint habe.

1) die ältesten Familien-Güter im Umkreise der Burg Stade. Diese wahrscheinlich sind es, welche in der Urkunde König Philipps de 1199 patrimonium Hinrici marchionis genannt werden, denn dieser Heinrich war der Letzte aus der älteren Stadischen Linie. Dazu eine Menge durch den ganzen Bremischen Sprengel zerstreuter Güter; Alb. Stad. a. 1112 nennt ihrer bei Abfindung der Ida von Elstorf zehn Höfe, zusammen 300 Hufen gross, von denen, soviel sich heute der Art nachweisen lässt, 2 im Gau Heilanga, 4 im Gau Sturmi, 4 im Gau Lara belegen waren ;

2) die Herrschaft Elstorf (hereditas nobilis femine Ide) von deren Erwerbung oben gesprochen ist Sie lag an beiden Ufern der Oste (Wedekind a. O. III., 228) in den Gauen Heilanga und Waltsati, vielleicht bis in den Mosdi ;

3) das patrimonium comitis Friderici de Stadio (Wedekind III., 230—35); dieses zu analysiren haben wir keinen Anhaltspunkt. Die im übrigen Deutschland zerstreuten Besitzungen rühren von der Verschwägerung der Stader mit mehreren der reichsten Grafenhäuser her, dahin gehören die Geschlechter der Grafen von Rheinfelden, Northeim, Werle, Plötzkau, Frankleben, Ballenstedt, Winzenburg. Der bedeutendste Gütercomplex lag ferner in Ostsachsen, in und um Magdeburg, am rechten Elbufer, die ganze Gegend zwischen Genthin und Tangermünde (Hambg. U. B. N. 164, 174—178). Sie waren zum Theil von Hartwich's Brüdern, der Rest von ihm selbst den verschiedenen Kirchen des Landes verschenkt.

Wir erfahren ferner von vielen Gütern in Mitteldeutschland, welche aber meist schon vor Rudolf's II. Tode aus den Händen des Stader Hauses gekommen sind und uns deshalb nicht näher interessiren. So z. B. bei Halle (Hambg. U. B. N. 149), bei Alsleben an der Saale, in Thüringen (N. 204), bei Moringen (N. 156), bei Northeim (Wolf, Politische Geschichte des Eichsfeldes I., 87), in den Grafschaften Bernburg, Plötzkau und Warmsdorf (Kreysig, Beiträge zur Historie der sächsischen Lande III., 212), im Obermainkreise (Hambg. U. B. N. 156). Die Gräfin Richardis schenkte beim Tode ihres Gemahls (1124) dem Kloster Gerde auf dem Eichsfelde 21 Höfe, die, soweit sich heute nachweisen lässt, in Oberfranken, Unterfranken, Thüringen und auf dem Eichsfelde lagen. (Guden I., p. 60, 144.)

Excurs II.
Zur Critik der Quellen des Stader Erbfolgestreites.

Die Berichte über den Stader Erbfolgestreit haben so verschiedenartige Erklärungen gefunden, dass ich meine Darstellung etwas ausführlicher rechtfertigen zu müssen glaube. — Die Quellennachrichten lassen sich auf zwei, uns nicht erhaltene, Ueberlieferungen zurückführen. Die erste ist enthalten in den Ann. Palid, Ann. Magdb., der Sachsenchronik und Alb. Stad., und stammt, sei es mittelbar oder unmittelbar, aus der allen diesen zu Grunde liegenden verlorenen sächsischen Quelle. Die zweite Ueberlieferung findet sich bloss in Alb. Stad. und zwar in den Rahmen der erstern eingeschoben. Diese ganz eigenthümlichen Zusätze Alberts fliessen, wie die meisten seiner selbständigen Nachrichten, nicht aus historiographischen Aufzeichnungen, sondern aus Documenten und mündlicher Tradition; die erstere Vorlage vermuthe ich bei dem Bericht von Hartwich's Schenkung der Stadischen Allode an die Bremer Kirche, die zweite bei der Erzählung vom Ramesloher Gericht. Zu Anfang lassen sich beide Ueberlieferungen mit Leichtigkeit combiniren, eine erhebliche Differenz tritt erst bei dem Punkte ein, wo der Streit zur gerichtlichen Entscheidung kommt. Von hier an stelle ich die beiden Ueberlieferungen neben einander.

Alb. Stad. a. 1144.	Ann. Palid. a. 1145.
Investitus est ergo praepositus Hartwicus; et Fridericus palatinus, sororius suus, suscepit bannum a rege Conrado, et statutum est, ut esset coadjutor suus et judicaret	Rex cum regina Gertrude natale Domini Magdaburch celebravit, ubi principes annuente rege comitiam Bremensem, quam Rodolfus habuerat, Hartwigo fratri

pro eo in placitis principalibus. Dux autem Heinricus adhuc puer, per tutores suos conquestus est regi et omnibus principibus, quod archiepiscopus Albero matri suae promisisset, quod si moreretur Rodolfus, filio suo duci conferret comitatum. Unde post multas querelas secundum mandatum regis convenerunt Rameslo ad causae diffinitionem. Archiepiscopus praefuit judicio ex una parte, puer dux ex alia. Praepositus et palatinus constiterunt ad negotii ventilationem. Auditores aderant Thietmarus Verdensis episcopus, Albertus marchio, Hermannus de Winceberch et frater suus, Heinricus de Asle, et magna multitudo militum. Ibi in litis contestatione homines ducis arma rapuerunt, et seditione facta archiepiscopum captitaverunt, et aliquandiu Lunenburg in captivitate detinuerunt, ut aliquid ab eo extorquerent. Tandem videntes, quod moveri poenis vel minis non posset, liberum abire permiserunt. Praepositus Hartwicus ab Hermanno de Luchouwe, cum sperarent homines ducis, quod ipsi praesentandus esset, et cum jam intentarent ei mortem, adductus est ad marchionem Albertum et sic liberatus.

ejus adjudicaverunt. Inde commotus dux de Bruneswic Heinricus junior, qui pro obtinenda eadem comitia laboraverat, longas adversus Bremensem archiepiscopum Adelberonem inimicitias exercuit, eo usque ut ad curiam tendenti poneret insidias.

Quas primo quidem evasit, sed alio tempore comprehensus, consensit ad id, quod dux voluit.

Hartwigus quoque, cum a militibus ducis captus fuisset, egit magno rerum suarum dispendio, quatinus domini ipsorum manus effugere potuisset.

Die wesentlichste, sogleich in die Augen springende Differenz ist, dass der Poehlder Annalist allein ein Fürstengericht in Magdeburg, Albert allein eins in Ramesloh kennt; in der Gefangennehmung des Erzbischofs stimmen sie überein. Albert steht als jüngere Ueberlieferung in der Glaubwürdigkeit hinter den Ann. Palid. zuruk, enthält zudem manches höchst Verdächtige: dass dem Ramesloher Gericht zwei Richter präsidirt haben sollen ist auffallend, dass die Parteien (der Erzbischof und der Herzog) in ihrer eigenen Sache selbst Richter waren ist unmöglich. So wird der Schluss nahe gelegt, dass bloss ein Gericht stattgefunden habe, dass Albert aus Missverständniss oder Vermengung anderer Facta Ramesloh anstatt Magdeburg als Ort desselben nennt. Ein ganz neues Licht fällt aber auf die Sache, wenn man einige urkundliche Daten zum Vergleich heranzieht. 1) Angenommen, es seien beide Nachrichten also auch beide Gerichtstage richtig, so muss das Ramesloher Gericht nach dem Magdeburger (1144 Ende December oder 1145 Anfang Januar) stattgefunden haben, nicht, wie Albert angiebt, noch 1144, und zwar, alle Verhältnisse berücksichtigt, etwa im Herbst 1145. 2) Die von Albert aufgezählten Beisitzer des Ramesloher Gerichts sind sämmtlich auf dem Corveyer Hoftage von 1145 August 24, anwesend (Stumpf N. 3497), und lassen sich nur hier beisammen nachweisen, sonst aber nirgends, weder in demselben Jahr noch in einem vorhergehenden oder folgenden. 3) Heinrich der Löwe, auf dessen Agitationen der König das Ramesloher Gericht eingesetzt haben soll, wird um jene Zeit ebenfalls nur auf jenem Corveyer Hoftage in der Umgebung des Königs angetroffen.

Stellt man diese urkundlichen Daten und die Nachrichten der Annalisten neben einander, so erscheint folgendes als gesichert: die erste gerichtliche Entscheidung wird zu Magdeburg gefällt, wie es die Ann. Palid. erzählen. In Corvey wird der König durch Heinrich d. L. umgestimmt, ordnet mehrere Fürsten zur zweiten Untersuchung ab, und es findet das Ramesloher Gericht statt, wie es Albert, im Ganzen richtig, in einzelnen Details corrumpirt, wiedergiebt.

Ein zweiter Differenzpunkt ist, dass nach den Ann. Palid. der Erzbischof in Folge der Gefangenschaft den Willen des Herzogs thut

Albert dagegen ihn ungebeugt frei ausgehen lässt. Die Folge zeigt, dass hierin der Mönch von Poehlde Recht, Albert Unrecht hat, sei es nun, dass der letztere wirklich in Unkenntniss ist, oder dass er mit zu starker, vielleicht tendenziöser Betonung im Auge hat, dass Hartwich als Erzbischof beständig gegen die Usurpation Heinrich's des Löwen protestirte, und dass die Bremer Kirche die Stadische Erbschaft endlich doch erwarb.

Unter den modernen Bearbeitungen des Stader Erbfolgestreites glaube ich die älteren, mitunter recht wunderlichen Ansichten füglich übergehen zu können. Ich nenne bloss die Verfasser: Bangert zu Arnold. Lub. IV. c. 17, p. 409 not. a.; Lappenberg, Grundriss zu einer Geschichte des Herzogthums Bremen in Pratjes vermischten Abhandlungen II. 285; Pfeffinger ad. vitr. II. 675; Bolten, Ditmarsische Geschichte II. 161; Wersebe, Colonien I. 272 u. 68. Eine Besprechung dieser Autoren, sowie die eigene Ausführung bei Böttiger, Heinrich d. L. p. 93 n. 104. Kobbe, Geschichte und Landesbeschreibung von Bremen und Verden. Auf Jaffé, Weiland und Dahlmann im Neocorus habe ich bei Gelegenheit schon verwiesen. Dagegen mit den beiden neuesten Geschichtsschreibern Heinrich's d. L., mit H. Prutz (1865) und M. Philippson (1867), mit denen ich in mehreren wesentlichen Punkten differire, ist eine ausführlichere Auseinandersetzung nöthig, soweit ich meine Abweichungen nicht schon oben begründet habe. — Prutz begnügt sich damit, die Erzählung des Alb. Stad. und der Ann. Palid. einfach aneinander zu reihen. Daraus ergiebt sich z. B., dass er das Ramesloher Gericht vor das Magdeburger setzt. Er ist des Glaubens, dass es sich beim ganzen Streit bloss um die Grafschaft Ditmarschen gehandelt habe. Auf p. 63 erzählt er von einem Pfalzgrafen Friedrich von Stade. Das von Heinrich d. L. vorgeschützte Versprechen Adalberos an die Herzogin Gertrud wird ohne nähere Begründung als unzweifelhafte Thatsache hingestellt und danach das Uebrige beurtheilt. Das Ende ist bei ihm, dass Heinrich der Löwe unverrichteter Sache abzieht und Hartwich die ganze Stadische Erbschaft behält. — Philippson will wahrscheinlich machen, dass die Lehnsabhängigkeit der Grafschaft Stade von der Bremer Kirche schon verschwunden gewesen sei, denn als

Hartwich „die Unterthänigkeit herstellte", „schenkte er das Land an den Erzbischof". Ein Blick auf die dabei citirte Stelle des Alb. Stad. zeigt, dass die Schenkung, wie es nicht anders sein konnte, sich bloss auf die Allode bezog. Und wie vollends reimt Ph. diese seine zu Gunsten Heinrich's d. L. aufgestellte Meinung damit, dass eben derselbe Heinrich d. L. seinen ganzen Anspruch auf das angebliche Versprechen des Lehnsherrn Adalbero stützt, ihm die Grafschaft zu Lehen geben zu wollen? — Ferner sagt Ph., das oft erwähnte Erbversprechen habe Rudolf II. (!) abgelegt; das wird ihm daraus sehr wahrscheinlich, dass „der wilde Kriegsmann Rudolf" sein Erbe nicht „den ofenhockenden Kahlköpfen" habe überlassen wollen. Für diese rechtlich ganz unmögliche Ansicht führt Ph. als Zeugniss Alb. Stad. M. G. SS. XVI., p. 325 an, woselbst klar und deutlich das Gegentheil steht, nämlich dass der Erzbischof Adalbero das Versprechen geleistet haben soll, während des Grafen Rudolf mit keiner Silbe Erwähnung gethan wird.

Excurs III.

Ueber die Urkunde Friedrich's I., in welcher er Heinrich dem Löwen das Investiturrecht der Bisthümer Aldenburg, Mecklenburg und Ratzeburg überträgt.

Das Original der Urkunde im Wolfenbüttler Archiv ist mit dem Monogramm und der goldenen Bulle Friedrich's I. versehen, aber die Recognition des Canzlers und alle Daten fehlen. Nach dem Facsimile in Orig. Guelf. IV. praefat. p. 6 ist sie sehr oft abgedruckt (siehe Stumpf N. 3692). Im Hambg. U. B. N. 205. — Nachdem die oft discutirte Frage, welchem Datum die Urkunde angehöre, zu weit auseinander gehenden Ansichten geführt hatte, wird seit Masch's Untersuchung (Gesch. des Bisthums Ratzeburg p. 87, not. 3) der Goslarer Reichstag des Jahres 1154 (angeblich April) allgemein als Zeit der Abfassung angenommen. Vergl. die Ausführungen im Mecklbg. U. B. I. p. 47 f., Wigger, Berno v. Schwerin p. 75 f., Laspeyres 181 n. 2. Heinemann, Albrecht der Bär c. 5, not. 29, Philippson p. 177 und kritische Erört. IV. f., Prutz p. 110.

Die Argumentation ist in der Hauptsache folgende: da Friedrich sich rex nennt, muss die Urkunde zwischen seine Königs- und Kaiserkrönung fallen, d. h. 1152 April 9 — 1155 Januar 18. Da ferner die Zeugen sämmtlich sächsische Fürsten sind, gehört sie nach Sachsen. Friedrich I. war in dem betreffenden Zeitraum nur zweimal in Sachsen 1152 und 1154. Es kann nur das letztere Jahr sein, weil der Zeuge Bischof Bruno von Hildesheim a. 1154 III. non. Junii (Mecklbg. U. B. I. Nr. 58) im ersten Jahr seiner Sedenz steht. Endlich fällt die Urkunde in die ersten Tage des Goslarer Reichstages (April), weil

Heinrich d. L. auf diesem Tage Baiern zuerkannt erhielt, in der Urkunde aber noch bloss Herzog von Sachsen heisst.

Aus dieser Beweisführung wird allerdings evident, dass die Urkunde in das Jahr 1154, aber nicht auch, dass sie in den April gehört. Einerseits ist das Argument, dass Heinrich d. L. bloss Herzog von Sachsen heisst, nicht genügend, denn die Auslassung von Baiern kommt in seinem Titel auch noch später vor, z. B. 1154 Nov. 19. (Prutz, Regesten N. 43) und 1155 Sept. 7 (Miraeus, op. dipl. et hist. II., p. 826). Positiv weisen ferner die Zeugen archiepiscopus Magdeburgensis Wichmannus und aelectus Cicensis Bertoldus auf einen der späteren Sommermonate hin. Wichmann wurde bald nach dem Magdeburger Reichstag von 1154 April 4 nach Rom gesandt (Otto Fris. gesta c. 10), wo er das Pallium erhielt. Bis dahin unterschreibt er stets als Bischof von Naumburg oder als Erwählter von Magdeburg (Fechner, Wichmann von Magdb. Forschungen V., Regesten p. 549), da er in unserer Urkunde aber archiepiscopus heisst, fällt sie nach seiner Rückkehr aus Rom, welche frühestens im Juni stattfand. Zu demselben Resultat führt, worauf Stumpf N. 3692 hindeudet, der aelectus Bertoldus, welcher erst erwählt sein kann (vergl. Ann. Palid. a. 1154), nachdem Wichmann in Rom des Bisthums Naumburg enthoben war; (W. nennt sich noch 1154 April 1 Bischof v. Naumburg Fechner, Regst. 11, 12). In einer Urkunde vom 19. September desselben Jahres (Hambg. U. B. N. 204) unterzeichnet sich Bertold schon als episcopus. Demnach fällt unsere Urkunde zwischen das letztgenannte Datum als spätesten und die Rückkehr Wichmann's als frühesten Termin, also Juni — Sept. 19. Eine nähere Begrenzung innerhalb dieses Zeitraums lässt sich nur ungefähr angeben, da wir nicht wissen, wann der König Sachsen verlassen hat. Allerdings lässt er sich hier nicht später als Juni 17 (Stumpf N. 3693) nachweisen; bis zum October, wo der Römerzug sich in Augsburg sammelte, findet sich seit dem obigen Juni 17 überhaupt kein Nachweis über seinen Aufenthalt, er kann also sehr gut den ganzen Sommer hindurch in Sachsen geblieben sein. Und wirklich weist ein Umstand auf das Ende des Sommers, als auf die Zeit unserer Urkunde hin, denn von den 10 Zeugen wiederholen sich 5 in der Urkunde Hartwich's aus Halle,

Sept. 19, während kein einziger in der von Juni 17 vorkommt. Als Resultat ergiebt sich: unsere Urkunde ist sicher im Sommer 1154, wahrscheinlich zu Ende desselben ausgestellt.

Gegen dieses anscheinend so probable Resultat erheben sich aber sehr schwierige Bedenken, wenn man die zeitgenössischen annalistischen Berichte zur Vergleichung heranzieht. Es sagen nämlich die Ann. Palid., und fast wörtlich übereinstimmend die Ann. Magdbg. und Chron. M. Sereni, zu a. 1159 Heinricus dux propter multiplicandam christianitatem in Sclavia episcopos statuendi et investiendi potestatem a cesare accepit. Ferner Ann. Palid. übereinstimmend mit Ann. Magdb., Alb. Stad., Chr. M. Ser. zu a. 1160: Episcopos etiam in ipsa terra contituens (Ann. Magdbg.: ordinatos) investivit, Geroldum in Aldenburg, Evermodum in Razisburg, Bernonem in Magnopolim, qui translatus est in Zuarinensem episcopatum. Ann. Pegav. a. 1159 Hoc anno concessione imperatoris Heinricus dux in Sclavorum regione hos episcopatus instituit Liubech (unrichtig), Zwerin, Razesburc, Aldenburch. — Zu a. 1160 etwas veränderter Wortlaut der Ann. Magdb. und ebenso die Ann. Stederbg. Von entscheidendem Gewicht ist, dass ausser allem Causalzusammenhang mit den genannten Annalen Helm. c. 87 an den Tod Niklots (1160) und die von Heinrich d. L. im Obobritenlande getroffenen Anordnungen anschliessend erzählt: Et facta postulatione obtinuit apud cesarem auctoritatem episcopatus suscitare, dare et confirmare in omni terra Sclavorum, quam vel ipse vel progenitores sui subjugaverint in clipeo suo et jure belli. Quamobrem vocavit domnum Geroldum Aldenburgensem, domnum Evermodum Racisburgensem, domnum Bernonem Magnopolitanum, ut reciperent ab eo dignitates suas, et applicarentur ei per hominii exhibitionem, sicut mos est fieri imperatori. Qui licet hanc impositionem difficillimam judicarent, cesserunt tamen propter eum, qui se humiliavit propter nos, et ne novella ecclesia caperet detrimentum. Et dedit eis dux privilegia de possessionibus et de reditibus et de justiciis. — Einer Investiturverleihung vom Jahre 1154 wird nirgends die geringste Erwähnung gethan. Nichtsdestoweniger ist die Verleihungsurkunde in ihrer Echtheit unanfechtbar und ihre Zugehörigkeit zum Jahre 1154 ebensowenig zu bezweifeln.

Zur Lösung dieser Widersprüche nehmen L. Giesebrecht, Wendische Geschichten, III. p. 109 und Weiland, Herzogthum, 159 n. 2 eine zweimalige Verleihung an, 1154 und 1159, so dass die erste von den Annalisten vergessen worden, von der zweiten die Urkunde verloren gegangen wäre. Wigger a. a. O. p. 85—88 verwirft diesen Ausweg mit Recht. Seine Ansicht ist, dass man ganz der Urkunde folgen müsse; die Zeitangabe der Annalen sei, weil mit der Urkunde nicht übereinstimmend, einfach irrthümlich, und Helmold's Erzählung sei leicht auf das J. 1154 zurückzubeziehen, da der Autor „den pragmatischen Zusammenhang der Dinge, nicht die chronologische Folge der einzelnen Momente" beobachte. — Dagegen habe ich Folgendes einzuwenden: 1) Die an Helmold bemerkte Eigenschaft ist gewiss richtig, aber nur mit Einschränkungen; wo er als Augenzeuge erzählt, zumal in so wichtigen Dingen, sind ihm chronologische Sprünge von 6 Jahren nicht zuzutrauen. Und gerade um des „pragmatischen Zusammenhanges" willen musste Helmold die Investiturverleihung, wenn sie wirklich 1154 stattgefunden hat, auch zu 1154 berichten; denn in diesem Jahre gründet der Herzog (nach der herrschenden Ansicht) das Bisthum Ratzeburg und im folgenden Jahre setzt er Gerold in Aldenburg ein, Beides nach Wigger's Meinung rechtliche Folgen der Investiturverleihung. Es ist aber schlechterdings nicht einzusehen, warum Helmold, der die beiden Ereignisse ausführlich und genau beschreibt und namentlich bemüht ist, die Einsetzung Gerold's durch allerlei Gründe als eine rechtmässige darzustellen, warum dieser Helmold die so überaus wichtige Investiturverleihung, welche das Verfahren Heinrich's d. L. vollständig gesetzmässig gemacht hätte, bei dieser naturgemässen Gelegenheit übergangen hat, und sie erst zum J. 1160 erzählt, zu dessen Ereignissen sie in gar keinem „pragmatischen Zusammenhang" steht. 2) Lässt sich ferner auch die Zeitangabe der Annalen für sich genommen nicht ohne Zwang verwerfen, so ist es ganz unmöglich an ihrer Richtigkeit zu zweifeln, wenn man bedenkt, dass sie nicht bloss untereinander, sondern auch mit Helmold, von dem sie gänzlich unabhängig sind, genau übereinstimmen. 3) Ein Hauptargument Wigger's ist, der Herzog habe ohne vorhergehendes königliches Privileg das Bisthum Ratzeburg nicht gründen, Evermod nicht als Bischof einsetzen können. Demgegenüber suche ich im folgenden Excurs wahrscheinlich zu machen, dass Ratzeburg gar nicht von Heinrich d. L., sondern von Hartwich gegründet worden ist. Benutzungen des Privilegs seitens des Herzogs finden wir erst Mitte 1158 (nach der Versöhnung zwischen Erzbischof, Herzog und Kaiser), so die Dotationen der Bisthümer, so vor Allem die Investitur selbst. — Aus den übereinstimmenden historiographischen Berichten (die Urkunde sei für's Erste aus dem Spiel gelassen) geht also hervor:

1) Es ist sicher, dass 1159 oder Ende 1158 eine Investiturverleihung an Heinrich d. L. stattgefunden hat.

2) Es ist sehr wahrscheinlich, dass 1154 ein solches Privileg noch nicht vorhanden ist.

Wie bleibt es aber mit der Urkunde? Die Schwierigkeiten sind nicht gehoben, sondern nur vergrössert. — Die Urkunde ist echt; es fehlt ihr aber die Recognition des Canzlers und jedes Datum: sie ist mindestens formell unfertig, rechtsungültig. Diese Folgerung ist nicht unbedingt nothwendig, aber als Wahrscheinlichkeitsannahme vollständig berechtigt; sie empfiehlt sich in hohem Grade, weil durch sie der ganze Widerspruch gelöst wird. Acceptirt man sie, so liegen folgende Annahmen sehr nahe: der König, von Heinrich d. L. gedrängt, lässt dessen Forderungen als Privileg in Urkundenform aufzeichnen. Aus nahe liegenden (in Abschnitt IV. entwickelten) Gründen zögert er mit der Herausgabe des Actenstücks, behält es in seiner Canzlei, lässt die letzten Formeln unausgefüllt. Darauf beschliesst der König, das Privileg überhaupt nicht zu ertheilen oder wenigstens auf die Zukunft zu verschieben und dies Schriftstück blieb in dem unfertigen Zustande, in welchem wir es noch heute besitzen, ein blosser Entwurf zu einer Urkunde, nicht eine Urkunde selbst.

Die thatsächliche Vollziehung des Investiturprivilegs ist naturgemäss die Lösung des Investiturstreites, das Ergebniss der Aussöhnung des Erzbischofs mit dem Herzog und dem Kaiser. Der ganze historische Zusammenhang der Begebenheiten (vergl. cap. V.) fordert es, dass das Privileg erst 1158 ertheilt worden sein kann. Und zwar halte ich es für höchst wahrscheinlich, dass dieser Act auf dem Reichstage zu Augsburg 1158 Juni stattgefunden hat, gleichzeitig mit dem Friedensvertrage zwischen Hartwich und Heinrich. Die officielle Promulgirung mag allerdings erst 1159 stattgefunden haben, und davon diese Zahl in den Annalen herrühren.

Nachträglich ist mir ein sprechendes Analogon zu meiner Hypothese aufgestossen, das ist die Urkunde (Würdtwein Nova-Subsid. XII. p. 23), in welcher Friedrich II. Oestreich und Steyermark zu einem erblichen Königthum erhebt. Die Urkunde ist, ganz wie die unsere, echt aber ohne Recognition des Canzlers und ohne Daten, ist ebenfalls nur Entwurf geblieben, wie aus Chron. Gart. ap. Rauch I. 33 hervorgeht. Siehe darüber Böhmer, Reg. imp. ab a. 1198 usque ad a. 1254, N. 1087.

Es möchte vielleicht noch der Einwand gemacht werden, dass unser von mir für ein Concept gehaltenes Document im Wolfenbüttler, also in einem welfischen Archiv liegt. Das scheint mir aber doch nicht allzu bedenklich zu sein, denn es lassen sich die vielfältigsten Wahrscheinlichkeiten annehmen, durch welche das Document erst viel später — oder man mag ja z. B. schon an Kaiser Otto IV. denken — in das welfische Archiv gerathen ist.

Excurs IV.
Ueber die Gründung des Bisthums Ratzeburg.

Die herrschende Ansicht über die Gründung Ratzeburgs ist seit Masch, Geschichte des Bisthums Ratzeburg folgende (nach dem Wortlaut von Wigger a. O. p. 77): „Für Ratzeburg hatte Hartwich noch keinen Bischof ernannt. Da berief der Herzog auf Empfehlung des Erzbischofs Wichmann von Magdeburg den Propst Evermod zu St. Marien in Magdeburg, welcher einst seiner ascetischen Strenge wegen von der Verwaltung des Gottes-Gnaden-Klosters bei Halle durch die dortigen Mönche verdrängt war, zum Bischof nach Ratzeburg und belehnte ihn auf einer Versammlung, die er vor seinem Abzuge nach Italien im Jahre 1154 hielt, in Gegenwart des Propstes Ludolf von Cuzalina und des Grafen Adolf v. Holstein mit 300 Hufen, welche ihm der Graf Heinrich von Ratzeburg auftrug. Evermod wird auch die Weihe von Wichmann empfangen haben; denn unter den obwaltenden Verhältnissen war sie von Hartwich nicht zu erwarten."

Unsere Quellennachrichten über die Gründung Ratzeburgs sind folgende:

1) Das weitaus grösste Gewicht kommt Helmold zu, dessen eigentlicher Zweck es ist, eine slawische Kirchengeschichte zu schreiben, der zu den handelnden Personen in nächster Beziehung steht und fast als Augenzeuge erzählt. Er widmet auch der Gründung Ratzeburgs ein ganzes Capitel (77), woselbst es heisst: Nec hoc pretermittendum videtur, quod dilatante Deo fines ecclesie, ordinatus est episcopus Racesburg domnus Evermodus, prepositus de Magdeburg, deditque ei comes Polaborum Heinricus insulam ad inhabitandam prope castrum. Pre-

terea trecentos mansos resignavit duci dandos in dotem episcopii. Von einer Initiative des Herzogs ist hier nicht die geringste Spur; die Begüterung des Bisthums geschieht durch den Grafen von Ratzeburg, die Theilnahme des Herzogs ist eine bloss formelle; die Ordination kann, was Helmold als etwas Selbstverständiges besonderer Erwähnung garnicht werth hält, nur von Hartwich ausgegangen sein, wie denn Helmold c. 69 von der beabsichtigten Gründung dreier Bisthümer spricht, und nur hierauf bezogen werden kann das dilatante Deo fines ecclesie.

2) Ebensowenig weiss irgend ein anderer zeitgenössischer Autor etwas von einer Gründung Ratzeburgs durch Heinrich den Löwen, ein Schweigen, welches besonders bedeutsam dadurch ist, dass die Zeitgenossen, wie wir in Excurs III sahen, die Investitur von 1160 mit grossem Interesse beobachteten und vielfach verzeichneten; wieviel mehr hätte nicht die Gründung Aufsehen erregen müssen.

3) Eine Stiftungs- oder Dotationsurkunde von 1154 ist nicht vorhanden, wird auch nirgends erwähnt.

4) In der Urkunde Hadrian's IV. 1158, Januar 21. (Meklbg. U. B. N. 62) werden die an die Ratzeburger Kirche gemachten Schenkungen bestätigt, daselbst heisst es nur: in fundo cujus (ducis) predicta ecclesia fundata esse dinoscitur, von einer Gründung durch den Herzog ist nicht die Rede.

5) Die Dotationsurkunde Meklenbg. U. B. N. 65 stellt Heinrich der Löwe erst 1158 (wohl ganz zu Ende des Jahres) aus, auf Grund des eben empfangenen, kaiserlichen Investiturprivilegs. In der Einleitung hebt er in schönrednerischen Phrasen seine Verdienste um die Verbreitung des Evangeliums unter den Heiden hervor, wie er den irdischen Vortheil dem himmlischen hintangesetzt und, bezeichnend genug, „was früher für den Kaiser, das jetzt für den Heiland (richtiger: für sich) erkämpft habe," und fährt dann fort: novellam in Raceburg ecclesiam... Evermodo... hic in pontificem consecrato... commisimus. Bei dem deutlichen Bestreben, seine Verdienste um die Kirche zu übertreiben und bei der von vorn herein behaupteten Auffassung, er sei der Oberherr der slawischen Bischöfe, konnte er die Thatsache, dass er die Einsetzung Evermod's zugelassen habe, ganz gut so ausdrücken, dass er ihm das Bisthum überlassen habe. Wäre die

Gründung wirklich direct durch ihn geschehen, er hätte ein Factum von solcher präjudicieller Kraft gewiss viel deutlicher und stärker betont. Wie es überhaupt mit derartigen Aeusserungen Heinrich's des Löwen zu nehmen ist, zeigt schlagend seine Generalurkunde für die drei Bisthümer d. d. 1170 Nov. 7, wo es geradezu heisst: notum sit... quod nos pro remedio anime nostre et felicis memorie Lotarii imperatoris avi nostri... tres episcopatus in transalbina Sclavia... de adjutore instituimus. Des Erzbischofs wird überall nicht die entfernteste Erwähnung gethan, und doch ist es mindestens von Aldenburg und Meklenburg unzweifelhaft, dass sie Hartwich gegründet hat. In den gleichzeitigen Quellenzeugnissen liegt also keine Berechtigung zur Annahme einer so unerhörten Sache, wie der Gründung eines Bisthums durch einen Herzog im Gegensatz zu den kirchlichen Autoritäten. Eine solche Ansicht kann sich nur auf spätere Nachrichten stützen, nämlich:

6) Ein zwischen 1230 und 1234 abgefasstes Zehntenregister, wo es heisst: (Mcklenbg. U. B. N. 59 B.) Anno Dom. 1154 fundata est Raceburgensis ecclesia a pie memorie duce Heinrico... consentiente et sibi fideliter cooperante domino Hartwico magno Bremensium archiepiscopo. Was das Register weiter an Daten über die Gründungsgeschichte giebt, ist zum Theil grober Irrthum und macht die Glaubwürdigkeit dieser Quelle zu einer sehr geringen. Der zweite Theil des Satzes, cooperante Hartwico, ist gewiss richtig, das falsche fundata a Heinrico konnte leicht aus Missverstand der Dotationsurkunde v. 1158 entspringen.

7) Von einigem Gewicht für die von mir bekämpfte Ansicht kann allein Arnold. Lub. sein, welcher sagt: II C. 7 ... idem presul (Evermodus) a duce Heinrico ad episcopatum vocatus fuerat. V c. 7. Dux autem adultus et magnificatus tunc temporis ecclesias Transalbinas fundare cepit, et Evermodum prepositum in Magdeburch ad parrochiam Racesburgensem auctoritate archiepiscopi ejusdem loci promovere studuit. Arnold denkt, wie der Plural ecclesias beweist, vorzugsweise an die Fundation des bischöflichen Güterbesitzes, welche ja allerdings schliesslich von Heinrich dem Löwen ausging. Ferner ist gar kein zwingender Grund, das auctoritate archiepiscopi ejusdem

loci auf Wichmann von Magdeburg zu beziehen, ejusdem steht vielmehr der parrochia Raceburgensis weit näher, und der Erzbischof über diesen Sprengel ist Hartwich.

Auch Erwägungen allgemeinerer Natur sind ferner aufzuführen, welche sich gegen die von mir bestrittene Ansicht erheben. — Die Errichtung eines neuen Bisthums ist in erster Reihe ein rein kirchlicher Act, kann nur von den kirchlichen Oberhirten ausgehen; schon damals bedurfte es dazu selbst für den Metropoliten directer päpstlicher Ermächtigung, wie Hartwich sie auch eingeholt hatte. Wenn der Herzog das Bisthum wirklich von sich aus gegründet, den Bischof erhoben hätte, wie sollte da die eifersüchtige römische Curie geschwiegen haben? wie sollte Hartwich nicht energischen Protest eingelegt haben, wie er es doch gegen die Erhebung Gerold's von Aldenburg gethan hat? Durchaus unwahrscheinlich ist es auch, dass Heinrich der Löwe sich um einen Candidaten gerade an Wichmann von Magdeburg gewandt hat, der, dem Herzog entschieden feindlich gesinnt, gegen denselben gerade damals (1154) zusammen mit dem Bremer Erzbischof, wie es scheint, an der Verschwörung plante; und auch Evermod als streng kirchlicher Eiferer bekannt (Chr. M. Sereni a. 1131 und a. 1157), hat sich zu einer den Kirchengesetzen geradezu in's Gesicht schlagenden Erhebung schwerlich jemals verstanden. Von der andern Seite ist es ebenso wahrscheinlich, dass gerade Hartwich den Evermod berufen hat, denn er war von seiner Magdeburger Zeit her mit diesem befreundet, hatte unter dessen Beirath und als Pflanzungen von dessen Kloster die Stifter St. Georg bei Stade und Jerichow gegründet (Hambg. U. B. N. 155, 174). Auch auf den Aldenburger Stuhl wollte er einen Magdeburger Geistlichen befördern (Helm. c. 79); das Argument von Masch p. 75., Hartwich habe Evermod nicht kennen können, ist also falsch. Die Möglichkeit, dass Heinrich der Löwe, den sonstigen Gesetzen zuwider, das Bisthum von sich aus gründete, wird aus dem angeblichen Privileg von 1154 hergeleitet. Dagegen habe ich im vorigen Excurs zu zeigen versucht, dass das Investiturrecht dem Herzog erst 1158 verliehen ist. Und wenn dem auch nicht so wäre, so kann die Gründung Ratzeburgs schlechterdings keine Folge des Privilegs sein, da in demselben vom Bisthum Ratzeburg als von einem schon bestehenden die Rede ist. Auch die Erzählung Helmold's weist keineswegs gerade auf das Jahr 1154 hin, sie ist vielleicht zwischen Ereignisse der Jahre 1152 und 1154 eingeschoben. Da wir nun wissen, dass Hartwich im Jahre 1152 in Magdeburg einen Besuch machte, bei welcher Gelegenheit er Evermod's Kloster (St. Marien) beschenkte (Hambg. U. B. N. 201), so ist es wahrscheinlich, dass er schon damals seinem Freunde Evermod das Ratzeburger Bisthum angetragen hat. Zur Unterstützung dieser Ansicht verbinden sich mehrere, zwar spätere aber in manchen Dingen gut unterrichtete, Quellen, welche auch Masch anführt. Peträus bei Schlipke, historische Nachrichten von dem Heidenthumb des Herzogthums Lauenburg etc. p. 96 citirt eine abschriftliche in seinem Besitz befindliche Chronik eines Ratzeburger Domherrn „Sisto episcoporum eccles. Raceb. et eorum facta." Nach dieser ist Evermod 1153 Juli 13. geweiht, woran man, weil ohne Widerspruch mit Helmold, keinen Grund zum Zweifel hat. Albert Krantz, Metropolis III. c. 28. Raceburgensi autem ecclesiae per idem tempus Hartwicus archiepiscopus praefecit Evermodum.

Das Ergebniss ist:

1) Es ist in keiner Weise beweisbar, dass Heinrich der Löwe das Bisthum Ratzeburg gegründet und den ersten Bischof ernannt hat.

2) Eine Reihe wichtiger Indicien macht es positiv wahrscheinlich, dass der Erzbischof Hartwich Ratzeburg gegründet und Evermod geweiht hat.

Excurs V.
Die Urkundenfälschungen Hartwich's I.

Wie Lappenberg und Koppmann (p. 51 f.) nachweisen, haben die Bestätigungsurkunden, welche Hartwich von Friedrich I. (Hambg. U. N. 208) und Hadrian IV. (N. 217) empfing, den Satz: Omnes quoque paludes infra sive juxta Albiam positas, cultas et incultas, infra terminos ejusdem parrochie, sicut ab imperatore Ludewico posite sunt, et nos ponimus, ut Transalbiani se et sua ab incursu paganorum securius in his locis occultari queant, aufgenommen aus einer Interpolation der Stiftungsurkunde Ludwig's des Frommen, welche nun schon zum dritten Mal gefälscht wurde. Die interpolirte Stelle siehe im Hambg. U. B. p. 13 s. Dass sie von Hartwich eingeschwärzt worden ist, unterliegt kaum einem Zweifel und braucht deshalb hier nicht weiter erörtert zu werden. Anders liegt die Sache bei den übrigen Hartwich zugeschriebenen Fälschungen.

W. Schröder, die falschen Urkunden des Erzstifts Hamburg-Bremen (in den Jahrbüchern für Landeskunde der Herzogthümer Schleswig etc. X., 1869) will (p. 302) noch fernere fünf Fälschungen, deren Abfassungszeit Koppmann als ungewiss bezeichnet hatte, mit grosser Bestimmtheit auf Hartwich I. wälzen. Es sind die Urkunden von Anastasius III. v. 912, Johann X. v. 920, Stephan VI. (Sch. irrig V.) v. 891, Marianus v. 946, Johann XV. v. 996 (Hambg. U. B. N. 28, 29, 24, 34. 53). Sie sollen sämmtlich in Beziehung auf den Investiturstreit mit Heinrich d. L. als eine Waffe gegen diesen gefälscht worden sein. Schröder glaubt das ganz deutlich daraus zu erkennen, dass zunächst die beiden erstgenannten Fälschungen in verkürzter Wiederholung der Bulle Leo's IX. v. 1053 (N. 75) mit Weglassung des Vicariats und der Legation „den Umfang der Diöcese nach dem Slawenlande hin betonen". Vorbehalten spätere Einwürfe ist gleich zu bemerken, dass die beiden Urkunden das Slawenland keineswegs mehr betonen, als ihre echten Vorlagen, vielmehr die ganze Völkeraufzählung der Urkunde Leo's IX. v. 1053 und theilweise der Johann's XV. v. 989 wörtlich wiederholen. Weiter behauptet Schröder von Hartwich „die völlige Erfindung" der Bullen Stephan's, Marianus' und Johann's XV., weil sie von Adam nicht bezeugt und mit den Worten „potestatem habeas ordinandi episcopos infra tuam parrochiam et diocesim, ita tamen, ut sub tua tueque ecclesie salva dignitate ipsius maneant potestate" unverkennbar auf den Investiturstreit hinwiesen. Wenn Koppmann (Jahrbücher der Herzogthümer etc. a. a. O. p. 306) Schröder's Behauptung für von vorn herein ansprechend erklärt, so ist das eben auch nur von vorn herein, denn bald ergeben sich folgende Einwendungen: 1) Die angeführte Interpolation findet sich unter Hartwich's Regierung nirgends benutzt; weder die Bestätigungen des Kaisers noch die des Papstes haben den geringsten Anklang daran. 2) Von den 5 Päpsten, welchen die obigen Fälschungen untergeschoben werden, nennt die Confirmation Victor's IV. v. 1160 (N. 221) einzig und allein Stephan; der Inhalt von Victor's Bulle giebt aber nicht die kleinste Andeutung, dass ihr die unter Stephans Namen gehende Fälschung vorgelegen habe; vielmehr verbürgt Adam I. c. 48 die Existenz einer echten Urkunde Stephan's; die übrigen von Victor IV. angezogenen Bullen sind sämmtlich schon von Innocenz II. a. 1133 (N. 144) aufgenommen. 3) Als Hartwich die Rechte seiner Kirche von Friedrich I. 1158, Hadrian IV. 1159 und Victor IV. 1160 bestätigen liess, kann das von Schröder behauptete Fälschungsmotiv nicht mehr gegolten haben, denn der Investiturstreit war bereits abgethan. Und was die Hauptsache ist, die Zugehörigkeit der slawischen Bisthümer zur Hamburger Diöcese ist weder von Heinrich d. L. noch sonst von jemand irgend bestritten worden. Viel wahrscheinlicher scheint mir aber die gedachte Interpolation, wenn man einmal eine bestimmte Zeit für sie suchen will, in die

Jahre der Lostrennung der skandinavischen Kirche zu gehören, damals als Oezur von Lund vielfach (1104, 1106, 1117, 1122 etc.) Hamburgische Suffragane ordinirte. — Soviel wenigstens scheint mir als Ergebniss festzustehen, dass kein annähernd genügender Grund vorhanden ist, die besprochenen fünf Fälschungen Hartwich zuzuschreiben.

www.ingramcontent.com/pod-product-compliance
Lightning Source LLC
Chambersburg PA
CBHW022141160426
43197CB00009B/1378